5時間で合格!

漢検5級 [超頻出]ドリル

岡野秀夫 著

高橋書店

5時間で合格！漢検5級【超頻出】ドリル

もくじ

●本書の特長と使い方……4
●漢字検定の受検ガイド……6
●出題傾向と学習のポイント……8

自分の弱点をチェック！
弱点を分析！

弱点発見テスト……10
弱点発見テスト 標準解答……18
弱点発見シート……20

1時間目
■読み……22
■画数……24
■部首と部首名……26
■熟語の構成……28
■音と訓……30
■同じ読みの漢字……32
■対義語・類義語……34
■四字熟語……36
■熟語作り……38
■書き取り……40

2時間目
■読み……46
■画数……48
■熟語の構成……50
■音と訓……52
■同じ読みの漢字……56
■対義語・類義語……58
■四字熟語……60
■送りがな……62
■熟語作り……64
■書き取り……66

3時間目
■読み……70
■部首と部首名……72
■熟語の構成……76
■音と訓……78
■同じ読みの漢字……80
■対義語・類義語……82
■四字熟語……84
■熟語作り……86
■書き取り……88

4時間目
■読み……92
■画数……94
■部首と部首名……96
■熟語の構成……98
■音と訓……100
■同じ読みの漢字……102
■四字熟語……104
■熟語作り……108
■書き取り……110

5時間目
■模擬テスト……114
■標準解答・解説……122

補習授業
■新出配当漢字対策……126
■四字熟語【出る順】ランキング……139
■部首【出る順】ランキング……142

一問一答式 赤シート対応

コラム
■部首の意味……44
■特別な読み方……68
■気をつけたい筆順……90
■まちがえやすい漢字……112

編集協力 シーティーイー
鷗来堂

本書の特長

最短5時間で合格できる効率的な学習法 1

1〜5時間目の授業形式。自分のレベルを意識しながら短期集中での合格を目指せます。

書きこんでも、チェックシートでも 2

「解答を折り曲げてかくしながら解く」「赤チェックシートでかくしながら解く」「書きこみながら解く」…さまざまな学習スタイルに合わせて使えます。

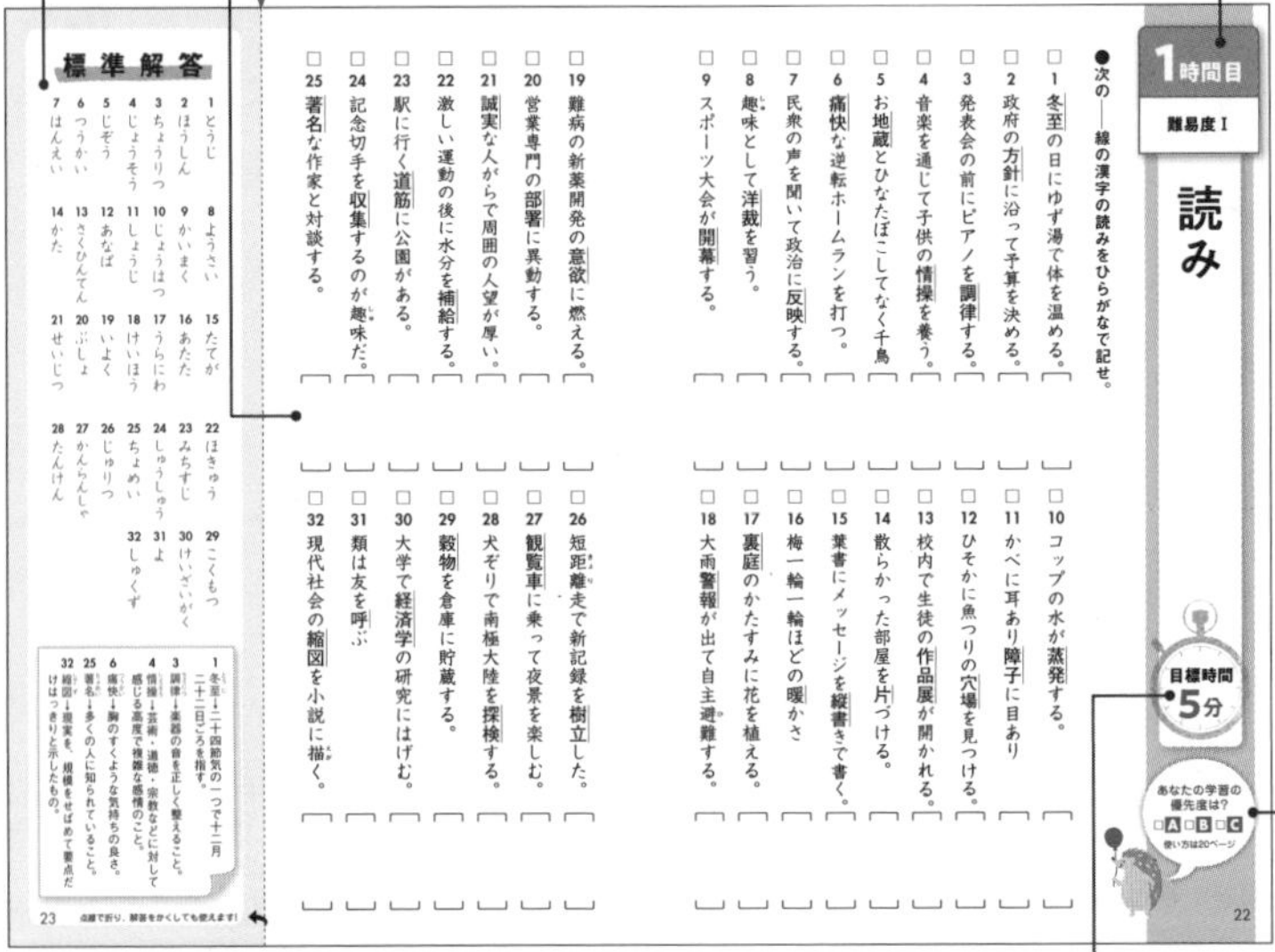

1時間目
難易度Ⅰ
読み

●次の——線の漢字の読みをひらがなで記せ。

1 冬至の日にゆず湯で体を温める。
2 政府の方針に沿って予算を決める。
3 発表会の前にピアノを調律する。
4 音楽を通じて子供の情操を養う。
5 お地蔵とひなたぼこしてなく千鳥
6 痛快な逆転ホームランを打つ。
7 民衆の声を聞いて政治に反映する。
8 趣味として洋裁を習う。
9 スポーツ大会が開幕する。
10 コップの水が蒸発する。
11 かべに耳あり障子に目あり
12 ひそかに魚つりの穴場を見つける。
13 校内で生徒の作品展が開かれる。
14 散らかった部屋を片づける。
15 葉書にメッセージを縦書きで書く。
16 梅一輪一輪ほどの暖かさ
17 裏庭のかたすみに花を植える。
18 大雨警報が出て自主避難する。
19 難病の新薬開発の意欲に燃える。
20 営業専門の部署に異動する。
21 誠実な人がらで周囲の人望が厚い。
22 激しい運動の後に水分を補給する。
23 駅に行く道筋に公園がある。
24 記念切手を収集するのが趣味だ。
25 著名な作家と対談する。
26 短距離走で新記録を樹立した。
27 観覧車に乗って夜景を楽しむ。
28 犬ぞりで南極大陸を探検する。
29 穀物を倉庫に貯蔵する。
30 大学で経済学の研究にはげむ。
31 類は友を呼ぶ
32 現代社会の縮図を小説に描く。

目標時間 5分

あなたの学習の優先度は？
□A □B □C
使い方は20ページ

22

標準解答

1 とうじ
2 ほうしん
3 ちょうりつ
4 じょうそう
5 じぞう
6 つうかい
7 はんえい
8 ようさい
9 かいまく
10 じょうはつ
11 しょうじ
12 あなば
13 さくひんてん
14 かた
15 たてが
16 あたた
17 うらにわ
18 けいほう
19 いよく
20 ぶしょ
21 せいじつ
22 ほきゅう
23 みちすじ
24 しゅうしゅう
25 ちょめい
26 じゅりつ
27 かんらんしゃ
28 たんけん
29 こくもつ
30 けいざいがく
31 よ
32 しゅくず

1 冬至→二十四節気の一つで十二月二十二日ごろを指す。
3 調律→楽器の音を正しく整えること。
4 情操→芸術・道徳・宗教などに対して感じる高度で複雑な感情のこと。
6 痛快→胸のすくような気持ちの良さ。
25 著名→多くの人に知られていること。
32 縮図→現実を、規模をせばめて要点だけはっきりと示したもの。

23 点線で折り、解答をかくしても使えます！

学習の優先度を決められる 3

巻頭の「弱点発見テスト」「弱点発見シート」で分析《ぶんせき》し、自分の苦手の分野から取り組めます。

見開き10分以内で解ける！ 4

「試験によく出る漢字」を厳選。目標時間を目安にスピード感をもって学習できます。

部首でグループ分けした配当漢字 5

一問一答式で書き取り&部首対策ができます。

191字
5級新出配当漢字対策

亡 乳 乱 並 俳 値 供 仁 党 優 傷 俵

126

凡例《はんれい》

にんべん 亻 — 部首と部首名

値 — 配当漢字

ね あたい 中 チ — 読み

物のネダンが上がる。［値段］
一読のカチがある。［価値］
— 出題例と標準解答

本書の使い方

1　出題傾向《けいこう》と学習のポイントを知る（８～９ページ）

2　「弱点発見テスト」で学習の優先度を分析《ぶんせき》（10～20ページ）

「弱点発見テスト」→「弱点発見シート」で
学習優先度の高い分野をチェック。

3　分野別学習ページで対策（１時間目～４時間目）

効率よく合格を目指すなら、自分の学習優先度の高い分野から始めるのもおすすめ。

分野	ページ
読み	22-23、46-47、70-71、92-93
部首と部首名	26-27、72-73、74-75、96-97
画数	24-25、48-49、94-95
送りがな	62-63
音と訓	30-31、52-53、54-55、78-79、100-101
四字熟語	36-37、60-61、84-85、104-105、106-107
対義語・類義語	34-35、58-59、82-83
熟語作り	38-39、64-65、86-87、108-109
熟語の構成	28-29、50-51、76-77、98-99
同じ読みの漢字	32-33、56-57、80-81、102-103
書き取り	40-41、42-43、66-67、88-89、110-111

4　「模擬《もぎ》テスト」にチャレンジ！（５時間目）

5　「補習授業」で更《さら》に得点力アップ！

新出配当漢字対策　部首別に5級新出配当漢字を収録。一問一答式でまとめてチェック！
出る順ランキング（四字熟語、部首）　試験直前にも確認しましょう！

漢字検定の受検ガイド

出題内容

4級

主な対象学年	中学校在学程度
主な出題内容	読み／書き取り／部首・部首名／送りがな／対義語・類義語／同音・同訓異字／誤字訂正《ていせい》／四字熟語／熟語の構成
合格基準	70％前後
満点	200点

5級

主な対象学年	小学校6年生修了《しゅうりょう》程度
主な出題内容	読み／書き取り／部首・部首名／筆順・画数／送りがな／対義語・類義語／同音・同訓異字／＊誤字訂正《ていせい》／四字熟語／熟語の構成
合格基準	70％前後
満点	200点

＊5級で「誤字訂正」も出題分野と発表されていますが、近年出題された実績がないため、本書では「誤字訂正」の分野の問題を収録しておりません。

主な申しこみ方法

1 インターネット

協会のホームページ(https://www.kanken.or.jp/)から申しこむことができます。クレジットカード決済、コンビニ決済などが可能です。

2 書店

取扱書店で検定料を支払《しはら》い、願書と書店払込《はらいこみ》証書を協会へ郵送します。

3 コンビニエンスストア

コンビニエンスストアにある端末《たんまつ》機で申しこみ、レジで検定料を支払《しはら》います。ローソンの「Loppi」、ミニストップの「MINISTOP Loppi」、セブン-イレブンの「マルチコピー」、ファミリーマートの「Famiポート」などが対応しています。

実施《じっし》要項

1 受検資格

希望者はだれでも受検することができます。志願者が一定以上まとまる場合は、団体申しこみが可能です。

2 受検申しこみ期間

- 受付期間内（検定の約3か月前～1か月前まで）に協会に届くようにします。
- 申しこみ後の受検希望級の変更《へんこう》や受検会場の変更《へんこう》、受検料の返金はできません。

3 検定実施《じっし》時期

原則として年3回実施《じっし》されます。

- 第1回　6月中の日曜日
- 第2回　10月中の日曜日
- 第3回　翌年の1月もしくは2月中の日曜日

※漢検CBTは、検定日にかぎらず実施《じっし》されています。

4 検定実施《じっし》会場

全国主要都市で行われています。実施《じっし》地区は検定の回ごとに決定されます。

5 検定時間

4級、5級は60分。

※検定時間が異なれば、2つ以上の級を受検することができます。

6 検定当日の注意事項

- 持参するもの…受検票、鉛筆《えんぴつ》（HB、B、2Bの鉛筆《えんぴつ》またはシャープペンシル）、消しゴム。ボールペン、万年筆は使用不可。
- 当日は、開始15分前には会場に入場する。

7 合否通知

検定日の約40日後に、合格者には合格証書と合格証明書、受検者全員に検定結果通知が郵送されます。

▼試験についての問い合わせ先

公益財団法人 日本漢字能力検定協会
〒605-0074
京都市東山区祇園町南側551番地
ホームページ
https://www.kanken.or.jp/
フリーダイヤル
0120-509-315（無料）

※実施《じっし》要項、申しこみ方法などは変わる場合があります。
※出題分野・内容等は変わる場合があります。
※実際に出題された内容は『漢検 過去問題集』（公益財団法人 日本漢字能力検定協会発行）を参照ください。
※本書記載《きさい》の内容は制作時点のものです。受検される際は、必ずご自身で公益財団法人 日本漢字能力検定協会の発表する最新情報をご確認ください。

出題傾向《けいこう》と学習のポイント

ジャンル	配点	出題内容と傾向	学習のポイント
読み	20点（1点×20問）	●5級新出配当漢字（191字）からの出題が中心	●5級対象漢字のうち、特に5級新出配当漢字の読みを確認しよう
部首と部首名	10点（1点×10問）	●10個の選択肢《せんたくし》から部首を選び、さらに10個の選択肢《せんたくし》から部首名を選ぶ問題 ●ほとんどが5級新出配当漢字（191字）からの出題	●漢字そのものは易しくても、部首がわかりにくい漢字はまとめて覚えておこう ●それぞれの問題で2つの選択肢《せんたくし》の記号を答えるので、記号を書く場所を間違《まちが》えないようにしよう
画数	10点（1点×10問）	●問題で太字で示されている漢字の画が何画目かを問い、さらに総画数を問う問題	●それぞれの問題で2つの数字を答えるので、数字を書く場所を間違《まちが》えないようにしよう ●「何画目」「総画数」のいずれかだけが正解でも得点できるので、どちらかがわからなくてもあきらめないようにしよう
漢字と送りがな	10点（2点×5問）	●短文中のカタカナを漢字一字と送りがなに直す問題	●語幹の長い漢字（「誤り」など）や複数の読みのある漢字は、送りがなを確認しておこう ●出題される漢字のパターンが少ないので、確実に満点をねらいたい
音と訓	20点（2点×10問）	●二字熟語中の漢字の音読みと訓読みの区別が問われる問題	●一字ずつその漢字の音読みと訓読みは何かを考えながら解くとよい

出題内容などは変更《へんこう》される場合もあります。ホームページなどで必ず確認しましょう!

四字の熟語	20点 （2点×10問）	●四字熟語のうち、カタカナ部分一字を漢字に直す問題	●四字熟語を書くだけでなく、正しく読めるようにしておくことが大切 ●四字熟語の多くは二字の熟語が組み合わさってできているので、問われている部分の二字熟語に注目して解くとよい
対義語・類義語	20点 （2点×10問）	●ひらがなの選択肢《せんたくし》から、対応する語を選んで対義語・類義語の二字のうち一字を漢字に直す ●対義語５問、類義語５問が出題される	●練習問題を解きながら、熟語の意味も覚えておこう ●対義語・類義語は１つとは限らないので、漢字そのものの意味を確認しておくことも役立つ
熟語作り	10点 （2点×5問）	●12個の選択肢《せんたくし》から、問題文で示された意味に対応する漢字を選んで二字熟語を作る問題	●意味の文にヒントがかくれている場合があり、特に不自然にひらがなになっている部分に注目するとよい
熟語の構成	20点 （2点×10問）	●二字熟語の意味の理解度が問われる ●二字のうち一字は５級新出配当漢字（１９１字）であることが多い	●二字熟語の意味や、漢字一字の意味も覚えておこう ●熟語を、出題される４パターンに分類するくせをつけよう
同じ読みの漢字	20点 （2点×10問）	●2つの短文中、同じ読みのカタカナに当てはまる漢字を書く問題 ●二字や三字の熟語のうちの漢字一字の音読みを問うものが多いが、たまに訓読みの漢字一字を問うものも出題される	●二字熟語のうちの漢字一字を問うものが多いので、特に同音異字の漢字はチェックしておこう
漢字（書き）	40点 （2点×20問）	●５級新出配当漢字（１９１字）からの出題が多いが、６級以下の漢字もよく問われる ●一字か二字の熟語が問われることが多いが、たまに三字の熟語も問われる ●二字以上の熟語は、そのうちの一字でも間違《まちが》っていれば正解にはならない ●最後の問題は、ことわざや俳句の問題であることが多い	●読みだけでなく、問題文の意味をつかむことも必要 ●配点が最も高い分野なので、しっかり準備しておこう

弱点発見テスト

まず、弱点発見テストを解いてみよう。各分野の得点を分野ごとに書きこみ、20ページで自分の弱点を分析《ぶんせき》！

総合点　／200

※実際の試験形式と異なる場合があります。実力チェック用としてお使いください。

1 読み

次の――線の漢字の読みをひらがなで記せ。

□ 1 系統立ててわかりやすく説明する。
□ 2 潮風に吹《ふ》かれて海岸を散歩する。
□ 3 逆転勝利に観客が興奮する。
□ 4 駅前の狭《せま》い道路を拡張する。
□ 5 道路の整備を求めて署名を集める。
□ 6 校門からイチョウ並木が続く。
□ 7 言語と文化は密接な関係がある。
□ 8 交通事故で右腕《うで》を負傷する。
□ 9 事件に関する情報の提供を求める。
□ 10 被《ひ》災地を視察して対策を立てる。
□ 11 赤字続きで事業の縮小を検討する。
□ 12 幼児の入場料は大人の半額だ。
□ 13 純白のドレスを身にまとう。
□ 14 大雪で交通機関が混乱する。

各1点×20　／20

□ 15 主将としてチームをまとめる。〔　　〕

□ 16 事故の原因を科学的に推測する。〔　　〕

□ 17 各国の首脳が集まって議論する。〔　　〕

□ 18 軽装で近所の公園を散歩する。〔　　〕

□ 19 年をとるにつれて筋力が低下する。〔　　〕

□ 20 丸い卵も切りようで四角〔　　〕

2 部首と部首名

次の漢字の部首と部首名を□の中から選んで記号で記せ。

各1点×10　／10

	（部首）	【部首名】
□ 補	1（　）	2【　】
□ 勤	3（　）	4【　】
□ 策	5（　）	6【　】
□ 臓	7（　）	8【　】
□ 創	9（　）	10【　】

あ 衤　い 尸　う 罒　え 月　お ⺮
か 力　き 刂　く 广　け 皿　こ 灬

ア あみがしら あみめ よこめ　イ れんが れっか　ウ ころもへん　エ さら　オ たけかんむり
カ まだれ　キ にくづき　ク かばね しかばね　ケ りっとう　コ ちから

3 画数

次の漢字の色の濃い画のところは、筆順の何画目か、また総画数は何画か、算用数字で記せ。

各1点×10　／10

	（何画目）	【総画数】
蒸	1（　）	2【　】
誤	3（　）	4【　】
届	5（　）	6【　】
盛	7（　）	8【　】
片	9（　）	10【　】

4 送りがな

次の――線のカタカナを漢字一字と送りがな（ひらがな）で記せ。

各2点×5　／10

〈例〉問題にコタエル。【答える】

1 年長者をウヤマウ心を育てる。

2 タマネギを細かくキザム。

3 雪をイタダク山の写真をとる。

4 ムズカシイ問題を適切に対処する。

5 使わなくなった家電をステル。

5 音と訓

次の熟語の読みは□の中のどの組み合わせになっているか、ア～エの記号を記せ。

各2点×10 ／20

ア 音と音　イ 音と訓　ウ 訓と訓　エ 訓と音

□ 1 若草

□ 2 牛乳

□ 3 穴場

□ 4 骨身

□ 5 宝庫

□ 6 重箱

□ 7 若者

□ 8 手製

□ 9 背中

□ 10 場面

6 四字熟語

次の――線のカタカナを漢字で記せ。

各2点×10 ／20

□ 1 私利私ヨク

□ 2 自コ満足

□ 3 人ケン尊重

□ 4 雨天順エン

□ 5 自キュウ自足

□ 6 油断大テキ

□ 7 半信半ギ

□ 8 南極タン検

□ 9 タン刀直入

□ 10 政トウ政治

7 対義語・類義語

次の□の中の語を一度だけ使って漢字に直し、対義語・類義語を記せ。

※「対義語」は意味が反対や対《つい》になる言葉、「類義語」は意味がよくにた言葉

各2点×10　／20

対義語

□ 1 読者―□者

□ 2 快楽―苦□

□ 3 悲報―□報

□ 4 生存―死□

□ 5 借用―返□

類義語

□ 6 反対―□議

□ 7 刊行―出□

□ 8 役目―任□

□ 9 価格―□段

□ 10 入会―加□

い・さい・ちょ・つう・ね・ぱん・ぼう・む・めい・ろう

8 熟語作り

次の□の中から漢字を選んで、次の意味に当てはまる熟語を作り、記号を記せ。

各2点×5　／10

□ 1 病人などの面どうを見ること。［　・　］

□ 2 機械や道具を働かせること。［　・　］

□ 3 制度や物事をつくりかえて、よくすること。［　・　］

□ 4 物をひきつけること。［　・　］

□ 5 何か所も切ってずたずたにすること。［　・　］

ア 吸　イ 断　ウ 寸　エ 改　オ 引　カ 護
キ 看　ク 操　ケ 作　コ 革　サ 書　シ 告

9 熟語の構成

熟語の構成には、次のようなものがある。

ア 反対や対《つい》になる意味の字を組み合わせたもの　（例　強弱）

イ 同じような意味の字を組み合わせたもの　（例　進行）

ウ 上の字が下の字の意味を説明（修飾《しょく》）しているもの　（例　国旗）

エ 下の字から上の字へと返って読むと意味がよくわかるもの　（例　消火）

次の熟語は上のア〜エのどれに当たるか、一つ選んで記号を記せ。

各2点×10　／20

□ 1 歌詞〔　　〕

□ 2 諸国〔　　〕

□ 3 就任〔　　〕

□ 4 付着〔　　〕

□ 5 植樹〔　　〕

□ 6 停止〔　　〕

□ 7 閉幕〔　　〕

□ 8 収支〔　　〕

□ 9 車窓〔　　〕

□ 10 干満〔　　〕

10 同じ読みの漢字

次の——線のカタカナを漢字に直せ。

各2点×10

／20

1 カン熟したイチゴを摘《つ》み取る。

2 早朝の散歩を習カンにする。

3 若者を対ショウに調査を行う。

4 部屋のショウ明を落として寝《ね》る。

5 飛行機が着陸のためにコウ下する。

6 平日の朝の時間を有コウに使う。

7 大事な書類を急いでユウ送する。

8 スポーツ大会で見事にユウ勝する。

9 工場にサイ新の生産設備を入れる。

10 公園に咲《さ》いている花をサイ集する。

11 書き取り

次の――線のカタカナを漢字に直せ。

□ 1 紙のウラガワにメモをとる。

□ 2 新製品を積極的にセンデンする。

□ 3 平家物語の人形ゲキを上演する。

□ 4 キョウドの民芸品を集める。

□ 5 ショウヒゼイを含《ふく》めて合計する。

□ 6 文化のハッテンに寄与《よ》する。

□ 7 骨折した左腕《うで》に包帯をマく。

□ 8 定期健しんでチョウを検査する。

□ 9 キケンを予測しながら運転する。

□ 10 ケンポウの条文を調べる。

□ 11 海外の映画をヒヒョウする。

□ 12 全国各地のシロを訪ね歩く。

□ 13 夜空に輝《かがや》くオリオンザをながめる。

□ 14 海岸線にソって砂浜《はま》が続いている。

□ 15 合唱コンクールでシキをする。

□ 16 三サツの資料に当たって調べる。

□ 17 親子で鉄道のモケイを作る。

□ 18 コンバンの天気は晴れそうだ。

□ 19 戦前のイッセンこう貨を集める。

□ 20 初雪やツクエの上にひとにぎり

各2点×20

／40

弱点発見テスト 標準解答

1 読み

各1点×20

1	けいとう
2	しおかぜ
3	こうふん
4	かくちょう
5	しょめい
6	なみき
7	みっせつ
8	ふしょう
9	ていきょう
10	しさつ
11	しゅくしょう
12	ようじ
13	じゅんぱく
14	こんらん
15	しゅしょう
16	すいそく
17	しゅのう
18	けいそう
19	きんりょく
20	たまご

2 部首と部首名

各1点×10

1	あ
2	ウ
3	か
4	コ
5	お
6	オ
7	え
8	キ
9	き
10	ケ

3 画数

各1点×10

1	6
2	13
3	12
4	14
5	6
6	8
7	1
8	11
9	3
10	4

4 送りがな

各2点×5

1	敬う
2	刻む
3	頂く
4	難しい
5	捨てる

5 音と訓

各2点×10

1	ウ
2	ア
3	ウ
4	ウ
5	ア
6	イ
7	ウ
8	エ
9	ウ
10	エ

6 四字熟語
各2点×10

1	2	3	4	5	6	7	8	9	10
欲	己	権	延	給	敵	疑	探	単	党

7 対義語・類義語
各2点×10

1	2	3	4	5	6	7	8	9	10
著	痛	朗	亡	済	異	版	務	値	盟

8 熟語作り
各2点×5

1	2	3	4	5
キ・カ（看護）	ク・ケ（操作）	エ・コ（改革）	ア・オ（吸引）	ウ・イ（寸断）

9 熟語の構成
各2点×10

1	2	3	4	5	6	7	8	9	10
ウ	ウ	エ	イ	エ	イ	エ	ア	ウ	ア

10 同じ読みの漢字
各2点×10

1	2	3	4	5	6	7	8	9	10
完	慣	象	照	降	効	郵	優	最	採

11 書き取り
各2点×20

1	2	3	4	5	6	7	8	9	10
裏側	宣伝	劇	郷土	消費税	発展	巻	腸	危険	憲法

11	12	13	14	15	16	17	18	19	20
批評	城	座	沿	指揮	冊	模型	今晩	一銭	机

弱点発見シート

弱点発見テストの各分野の得点を、左の表に書きこんで、弱点を分析《ぶんせき》しましょう。Aはあなたが苦手な分野で、学習優先度が最も高いことを表します。効率のよい合格を目指すなら、Aの分野から集中的に学習するのもよいでしょう。

	得点	基準点	基準点との差	学習優先度
1 読み	／20	14		▶ □A □B □C
2 部首と部首名	／10	7		▶ □A □B □C
3 画数	／10	7		▶ □A □B □C
4 送りがな	／10	7		▶ □A □B □C
5 音と訓	／20	14		▶ □A □B □C
6 四字熟語	／20	14		▶ □A □B □C
7 対義語・類義語	／20	14		▶ □A □B □C
8 熟語作り	／10	7		▶ □A □B □C
9 熟語の構成	／20	14		▶ □A □B □C
10 同じ読みの漢字	／20	14		▶ □A □B □C
11 書き取り	／40	28		▶ □A □B □C

自分の得点から基準点を引いた数値が、基準点との差です。例えば、1 読みの得点が18点なら、基準点14との差が＋4となります。

基準点との差が
- **−4以下の場合 → 優先度A**
- **−3 ～＋3の場合 → 優先度B**
- **＋4以上の場合 → 優先度C**

学習優先度がわかったら、各分野の見出し下のABCにチェックを入れておきましょう。

自分の学習優先度を書いておこう!

1 時間目

難 易 度 Ⅰ

1時間目は、合格のためには必ず押さえておきたい基本問題です。
全部解けるようにしましょう。

1時間目

難易度Ⅰ

読み

目標時間
5分

あなたの学習の優先度は？
□A □B □C
使い方は20ページ

●次の――線の漢字の読みをひらがなで記せ。

□ 1 **冬至**の日にゆず湯で体を温める。〔　　〕

□ 2 政府の**方針**に沿って予算を決める。〔　　〕

□ 3 発表会の前にピアノを**調律**する。〔　　〕

□ 4 音楽を通じて子供の**情操**を養う。〔　　〕

□ 5 お**地蔵**とひなたぼこしてなく千鳥〔　　〕

□ 6 **痛快**な逆転ホームランを打つ。〔　　〕

□ 7 民衆の声を聞いて政治に**反映**する。〔　　〕

□ 8 趣《しゅ》味として**洋裁**を習う。〔　　〕

□ 9 スポーツ大会が**開幕**する。〔　　〕

□ 10 コップの水が**蒸発**する。〔　　〕

□ 11 かべに耳あり**障子**に目あり〔　　〕

□ 12 ひそかに魚つりの**穴場**を見つける。〔　　〕

□ 13 校内で生徒の**作品展**が開かれる。〔　　〕

□ 14 散らかった部屋を**片**づける。〔　　〕

□ 15 葉書にメッセージを**縦書**きで書く。〔　　〕

□ 16 梅一輪一輪ほどの**暖**かさ〔　　〕

□ 17 **裏庭**のかたすみに花を植える。〔　　〕

□ 18 大雨**警報**が出て自主避《ひ》難する。〔　　〕

□ 19 難病の新薬開発の**意欲**に燃える。〔　　〕

□ 20 営業専門の**部署**に異動する。〔　　〕

□ 21 **誠実**な人がらで周囲の人望が厚い。〔　　〕

□ 22 激しい運動の後に水分を**補給**する。〔　　〕

□ 23 駅に行く**道筋**に公園がある。〔　　〕

□ 24 記念切手を**収集**するのが趣《しゅ》味だ。〔　　〕

□ 25 **著名**な作家と対談する。〔　　〕

□ 26 短距離《きょり》走で新記録を**樹立**した。〔　　〕

□ 27 **観覧車**に乗って夜景を楽しむ。〔　　〕

□ 28 犬ぞりで南極大陸を**探検**する。〔　　〕

□ 29 **穀物**を倉庫に貯蔵する。〔　　〕

□ 30 大学で**経済学**の研究にはげむ。〔　　〕

□ 31 類は友を**呼**ぶ〔　　〕

□ 32 現代社会の**縮図**を小説に描《えが》く。〔　　〕

標準解答

1 とうじ
2 ほうしん
3 ちょうりつ
4 じょうそう
5 じぞう
6 つうかい
7 はんえい
8 ようさい
9 かいまく
10 じょうはつ
11 しょうじ
12 あなば
13 さくひんてん
14 かた
15 たてが
16 あたた
17 うらにわ
18 けいほう
19 いよく
20 ぶしょ
21 せいじつ
22 ほきゅう
23 みちすじ
24 しゅうしゅう
25 ちょめい
26 じゅりつ
27 かんらんしゃ
28 たんけん
29 こくもつ
30 けいざいがく
31 よ
32 しゅくず

1 **冬至**《とうじ》→二十四節気の一つで十二月二十二日ごろを指す。

3 **調律**《ちょうりつ》→楽器の音を正しく整えること。

4 **情操**《じょうそう》→芸術・道徳・宗教などに対して感じる高度で複雑な感情のこと。

6 **痛快**《つうかい》→胸のすくような気持ちの良さ。

25 **著名**《ちょめい》→多くの人に知られていること。

32 **縮図**《しゅくず》→現実を、規模をせばめて要点だけはっきりと示したもの。

点線で折り、解答をかくしても使えます!

1時間目

難易度Ⅰ

画数

目標時間 5分

あなたの学習の優先度は?

□A □B □C

使い方は20ページ

●次の漢字の色の濃い画のところは、筆順の何画目か、また総画数は何画か、算用数字で記せ。

（何画目）【総画数】

- □ 1 孝 （　）［　］
- □ 2 聖 （　）［　］
- □ 3 呼 （　）［　］
- □ 4 並 （　）［　］
- □ 5 策 （　）［　］
- □ 6 郵 （　）［　］
- □ 7 熟 （　）［　］
- □ 8 純 （　）［　］
- □ 9 宙 （　）［　］
- □ 10 障 （　）［　］
- □ 11 系 （　）［　］
- □ 12 城 （　）［　］
- □ 13 株 （　）［　］
- □ 14 困 （　）［　］

□ 15 党 （　） 〔　〕

□ 16 糖 （　） 〔　〕

□ 17 将 （　） 〔　〕

□ 18 骨 （　） 〔　〕

□ 19 探 （　） 〔　〕

□ 20 装 （　） 〔　〕

□ 21 欲 （　） 〔　〕

□ 22 訪 （　） 〔　〕

□ 23 巻 （　） 〔　〕

□ 24 垂 （　） 〔　〕

□ 25 権 （　） 〔　〕

□ 26 吸 （　） 〔　〕

標準解答

1 4・7
2 11・13
3 7・8
4 6・8
5 9・12
6 7・11
7 9・15
8 8・10
9 6・8
10 8・14
11 5・7
12 5・9
13 7・10
14 3・7
15 1・10
16 13・16
17 3・10
18 4・10
19 7・11
20 3・12
21 8・11
22 10・11
23 5・9
24 6・8
25 9・15
26 4・6

点線で折り、解答をかくしても使えます!

1時間目

難易度Ⅰ

部首と部首名

目標時間 5分

あなたの学習の優先度は？

□A □B □C

使い方は20ページ

●次の漢字の部首と部首名を□の中から選んで記号で記せ。

（部首）【部首名】

□ 1 座 （ ）【 】

□ 2 署 （ ）【 】

□ 3 推 （ ）【 】

□ 4 誠 （ ）【 】

□ 5 腹 （ ）【 】

□ 6 障 （ ）【 】

あ 月　い 罒　う 广　え 言　お 阝　か 扌

ア あみがしら あみめ よこめ　イ てへん　ウ まだれ　エ ごんべん　オ にくづき　カ こざとへん

□ 7 郵 （ ）【 】

□ 8 窓 （ ）【 】

□ 9 貴 （ ）【 】

□ 10 盟 （ ）【 】

□ 11 庁 （ ）【 】

□ 12 除 （ ）【 】

あ 貝　い 阝　う 广　え 穴　お 皿　か 阝

ア まだれ　イ おおざと　ウ こざとへん　エ あなかんむり　オ かい こがい　カ さら

13 肺

14 陛

15 刻

16 宙

あ 阝　い 宀

う 月　え 刂

ア こざとへん　イ りっとう

ウ うかんむり　エ にくづき

17 閣

18 宅

19 蔵

20 担

あ 宀　い 門

う 扌　え 艹

ア くさかんむり　イ てへん

ウ もんがまえ　エ うかんむり

標準解答

1 う・ウ

2 い・ア

3 か・イ

4 え・エ

5 あ・オ

6 お・カ

7 い・イ

8 え・エ

9 あ・オ

10 お・カ

11 う・ア

12 か・ウ

13 う・エ

14 あ・ア

15 え・イ

16 い・ウ

17 い・ウ

18 あ・エ

19 え・ア

20 う・イ

点線で折り、解答をかくしても使えます!

1時間目

難易度Ⅰ

熟語の構成

あなたの学習の優先度は?

□A □B □C

使い方は20ページ

●熟語の構成には、次のようなものがある。

ア 反対や対《つい》になる意味の字を組み合わせたもの（例　強弱）
イ 同じような意味の字を組み合わせたもの（例　進行）
ウ 上の字が下の字の意味を説明（修飾《しょく》）しているもの（例　国旗）
エ 下の字から上の字へと返って読むと意味がよくわかるもの（例　消火）

●次の熟語は右のア〜エのどれに当たるか、一つ選んで記号を記せ。

□1 敬語［　］
□2 敬老［　］
□3 就職［　］
□4 温暖［　］
□5 創造［　］
□6 翌週［　］
□7 除草［　］
□8 映写［　］
□9 開閉［　］
□10 郷里［　］
□11 降車［　］
□12 私用［　］

□ 13 別冊［　　］

□ 14 乗降［　　］

□ 15 洗車［　　］

□ 16 存在［　　］

□ 17 重視［　　］

□ 18 観劇［　　］

□ 19 寸前［　　］

□ 20 激増［　　］

□ 21 負傷［　　］

□ 22 短針［　　］

□ 23 立腹［　　］

□ 24 敬意［　　］

□ 25 順延［　　］

□ 26 幼児［　　］

□ 27 紅白［　　］

□ 28 除雪［　　］

標準解答

1 ウ 「敬う↓言葉（語）」の意
2 エ 「敬う↑老人を」の意
3 エ 「つく↑職業に」の意
4 イ 温も暖も「あたたかい」の意
5 イ 創も造も「つくる」の意
6 ウ 「次の（翌）↓週」の意
7 エ 「取り除く↑草を」の意
8 イ 映も写も「うつす」の意
9 ア 「開く」↕「閉じる」
10 イ 郷も里も「ふるさと」の意
11 エ 「降りる↑車を」の意
12 ウ 「私の↓用事」の意
13 ウ 「別にまとめられた↓本（冊）」の意
14 ア 「乗る」↕「降りる」
15 エ 「洗う↑車を」の意
16 イ 存も在も「ある」の意
17 ウ 「重く↓見る（視）」の意
18 エ 「みる↑劇を」の意
19 ウ 「すこし（寸）↓前」の意
20 ウ 「激しく↓増える」の意
21 エ 「負う↑傷を」の意
22 ウ 「短い↓針」の意
23 エ 「立てる↑腹を」の意
24 ウ 「敬う↓きもち（意）」の意
25 ウ 「順ぐりに↓延ばす」の意
26 ウ 「幼い↓子ども（児）」の意
27 ア 「赤い（紅）」↕「白い」
28 エ 「除く↑雪を」の意

点線で折り、解答をかくしても使えます!

1時間目

難易度Ⅰ

音と訓

あなたの学習の優先度は?
□A □B □C
使い方は20ページ

●次の熟語の読みは□の中のどの組み合わせになっているか、ア～エの記号を記せ。

ア 音と音　イ 音と訓　ウ 訓と訓　エ 訓と音

□ 1 改装 [　　]
□ 2 誤解 [　　]
□ 3 演奏 [　　]
□ 4 尊敬 [　　]
□ 5 道順 [　　]

□ 6 花束 [　　]
□ 7 創造 [　　]
□ 8 改革 [　　]
□ 9 厚着 [　　]
□ 10 節穴 [　　]

□ 11 官庁 [　　]
□ 12 筋道 [　　]
□ 13 苦痛 [　　]
□ 14 短縮 [　　]
□ 15 身分 [　　]

□ 16 幼虫 [　　]
□ 17 遺産 [　　]
□ 18 磁石 [　　]
□ 19 株式 [　　]
□ 20 傷口 [　　]

□ 21 仏様〔　　〕

□ 22 縦糸〔　　〕

□ 23 割合〔　　〕

□ 24 関所〔　　〕

□ 25 蒸気〔　　〕

□ 26 軍手〔　　〕

□ 27 聖地〔　　〕

□ 28 砂山〔　　〕

□ 29 並木〔　　〕

□ 30 無口〔　　〕

□ 31 郷土〔　　〕

□ 32 故障〔　　〕

□ 33 密集〔　　〕

□ 34 台所〔　　〕

□ 35 裁判〔　　〕

□ 36 口紅〔　　〕

標準解答

1 ア
2 ア
3 ア
4 ア
5 エ

6 ウ
7 ア
8 ア
9 ウ
10 ウ

11 ア
12 ウ
13 ア
14 ア
15 エ

16 ア
17 ア
18 ア
19 エ
20 ウ

21 ウ
22 ウ
23 ウ
24 エ

25 ア
26 イ
27 ア
28 ウ

29 ウ
30 イ
31 ア
32 ア

33 ア
34 イ
35 ア
36 ウ

点線で折り、解答をかくしても使えます!

1時間目

難易度Ⅰ

同じ読みの漢字

目標時間 5分

あなたの学習の優先度は?
□A □B □C
使い方は20ページ

●次の——線のカタカナを漢字に直せ。

□ 1 警カンが夜の街の見回りをする。〔　〕

□ 2 朝カンの経済記事を丹《たん》念に読む。〔　〕

□ 3 大雨で競技大会が中シになる。〔　〕

□ 4 強い雨が降っていてシ界が悪い。〔　〕

□ 5 年末のボーナスを社員にシ給する。〔　〕

□ 6 町のイベントでシ会を務める。〔　〕

□ 7 長年勤めた会社をタイ職する。〔　〕

□ 8 消防タイ員が現場で救助に当たる。〔　〕

□ 9 神社の本堂に続く石ダンを上る。〔　〕

□ 10 先進国の首脳会ダンが開かれる。〔　〕

□ 11 店内を若者向けに改ソウする。〔　〕

□ 12 独ソウ的な発想で製品を開発する。〔　〕

□ 13 運動会が雨のため延キされる。〔　〕

□ 14 病気が治って現場に復キする。〔　〕

□ 15 県知事の選挙に立コウ補する。〔　〕

□ 16 転コウした友達に手紙を書く。〔　〕

□ 17 ホームから新幹線が発シャする。［　］

□ 18 病院でワクチンを注シャする。［　］

□ 19 取材した内容をカン潔に報告する。［　］

□ 20 話題のミュージカルをカン劇する。［　］

□ 21 大豆を原リョウにして納豆を作る。［　］

□ 22 家庭から出るごみを減リョウする。［　］

□ 23 コ吸を整えてから話し始める。［　］

□ 24 新入生が自コしょうかいをする。［　］

□ 25 交通事故で全員が死ボウした。［　］

□ 26 小高い山から市街を展ボウする。［　］

□ 27 政トウを代表して政策を発表する。［　］

□ 28 コーヒーに砂トウを入れて飲む。［　］

標準解答

1 官
2 刊
3 止
4 視
5 支
6 司
7 退
8 隊
9 段
10 談
11 装
12 創
13 期
14 帰
15 候
16 校
17 車
18 射
19 簡
20 観
21 料
22 量
23 呼
24 己
25 亡
26 望
27 党
28 糖

12 独創《どくそう》→真似《まね》をせずに、自分一人の考えでものを作り出すこと。

20 観劇《かんげき》→演劇を見ること。

26 展望《てんぼう》→遠くまで広く見わたすこと。

27 政党《せいとう》→共通の政治上の主張をもつ者で組織され、その主張を実現するために活動する集団。

1時間目

難易度Ⅰ

対義語・類義語

目標時間
7分

あなたの学習の優先度は?
□A □B □C
使い方は20ページ

●次の□の中の語を一度だけ使って漢字に直し、対義語・類義語を記せ。

対義語

□ 1 外出―帰□

□ 2 過去―□来

□ 3 横断―□断

□ 4 短縮―□長

類義語

□ 5 次週―□週

□ 6 後方―□後

□ 7 処理―始□

□ 8 助言―□告

えん・じゅう・しょう・たく・ちゅう・はい・まつ・よく

対義語

□ 9 否決―□決

□ 10 往復―□道

□ 11 複雑―□単

□ 12 地味―□手

類義語

□ 13 開演―開□

□ 14 時間―時□

□ 15 最良―最□

□ 16 批判―批□

か・かた・かん・こく・ぜん・は・ひょう・まく

対義語

□ 17 通常―□時

□ 18 複雑―単□

□ 19 尊重―無□

□ 20 激増―激□

類義語

□ 21 討議―議□

□ 22 任務―役□

□ 23 真心―□意

□ 24 着任―□任

げん・し・しゅう・じゅん・せい・りん・ろん・わり

対義語

□ 25 支出―□入

□ 26 河口―水□

□ 27 目的―手□

□ 28 開館―□館

類義語

□ 29 大木―大□

□ 30 自分―自□

□ 31 地区―地□

□ 32 快活―明□

いき・げん・こ・じゅ・しゅう・だん・へい・ろう

標準解答

1 帰宅《きたく》
2 将来《しょうらい》
3 縦断《じゅうだん》
4 延長《えんちょう》
5 翌週《よくしゅう》
6 背後《はいご》
7 始末《しまつ》
8 忠告《ちゅうこく》

9 可決《かけつ》
10 片道《かたみち》
11 簡単《かんたん》
12 派手《はで》
13 開幕《かいまく》
14 時刻《じこく》
15 最善《さいぜん》
16 批評《ひひょう》

17 臨時《りんじ》
18 単純《たんじゅん》
19 無視《むし》
20 激減《げきげん》
21 議論《ぎろん》
22 役割《やくわり》
23 誠意《せいい》
24 就任《しゅうにん》

25 収入《しゅうにゅう》
26 水源《すいげん》
27 手段《しゅだん》
28 閉館《へいかん》
29 大樹《たいじゅ》
30 自己《じこ》
31 地域《ちいき》
32 明朗《めいろう》

点線で折り、解答をかくしても使えます!

1時間目

難易度Ⅰ

四字熟語

●次の——線のカタカナを漢字で記せ。

□ 1 学習意ヨク 〔　　〕

□ 2 玉石コン交 〔　　〕

□ 3 党首トウ論 〔　　〕

□ 4 温セン旅館 〔　　〕

□ 5 ユウ先順位 〔　　〕

□ 6 社会保ショウ 〔　　〕

□ 7 針小ボウ大 〔　　〕

□ 8 技術カク新 〔　　〕

□ 9 規ボ拡大 〔　　〕

□ 10 ショ名運動 〔　　〕

□ 11 コク物倉庫 〔　　〕

□ 12 直シャ日光 〔　　〕

目標時間 4分

あなたの学習の優先度は？
□A □B □C
使い方は20ページ

□ 13 一進一タイ

□ 14 問題ショ理

□ 15 ソウ立記念

□ 16 地イキ社会

□ 17 保ゾン状態

□ 18 高ソウ建築

□ 19 天然資ゲン

□ 20 四シャ五入

□ 21 器楽合ソウ

□ 22 暴風ケイ報

標準解答

1 学習意欲《がくしゅういよく》

2 玉石混交《ぎょくせきこんこう》

3 党首討論《とうしゅとうろん》

4 温泉旅館《おんせんりょかん》

5 優先順位《ゆうせんじゅんい》

6 社会保障《しゃかいほしょう》

7 針小棒大《しんしょうぼうだい》

8 技術革新《ぎじゅつかくしん》

9 規模拡大《きぼかくだい》

10 署名運動《しょめいうんどう》

11 穀物倉庫《こくもつそうこ》

12 直射日光《ちょくしゃにっこう》

13 一進一退《いっしんいったい》

14 問題処理《もんだいしょり》

15 創立記念《そうりつきねん》

16 地域社会《ちいきしゃかい》

17 保存状態《ほぞんじょうたい》

18 高層建築《こうそうけんちく》

19 天然資源《てんねんしげん》

20 四捨五入《ししゃごにゅう》

21 器楽合奏《きがくがっそう》

22 暴風警報《ぼうふうけいほう》

点線で折り、解答をかくしても使えます！

1時間目

難易度Ⅰ

熟語作り

目標時間
7分

あなたの学習の優先度は?
□A □B □C
使い方は20ページ

●次の□の中から漢字を選んで、次の意味に当てはまる熟語を作り、記号を記せ。

□1 状きょうからおしはかって決めること。〔　・　〕

□2 とても値打ちがあること。〔　・　〕

□3 人に知られないように、かくすこと。〔　・　〕

□4 仕事などを何人かでわけて受け持つこと。〔　・　〕

□5 平易で的を射ているさま。〔　・　〕

ア 分	イ 推	ウ 縦	エ 重	オ 秘	カ 定
キ 潔	ク 担	ケ 誕	コ 貴	サ 簡	シ 密

□6 たがいに意見をたたかわせること。〔　・　〕

□7 亡くなった人が残した財さん。〔　・　〕

□8 液体の表面から気化すること。〔　・　〕

□9 生まれ育った場所。〔　・　〕

□10 機械などが正常に動かなくなること。〔　・　〕

ア 産	イ 障	ウ 発	エ 故	オ 討	カ 郷
キ 里	ク 蒸	ケ 片	コ 遺	サ 論	シ 縮

□ 11 山のてっぺんにのぼること。〔　・　〕

□ 12 意見などを広く外部に表明すること。〔　・　〕

□ 13 大きく広げること。〔　・　〕

□ 14 人としての行いの手本となる決まり。〔　・　〕

ア 拡	イ 頂	ウ 貴	エ 律	オ 言
カ 宣	キ 張	ク 宅	ケ 登	コ 規

□ 15 気持ちをふるい立たせること。〔　・　〕

□ 16 目に見えるはん囲。〔　・　〕

□ 17 逆らわずにまじめにつとめること。〔　・　〕

□ 18 職務につくこと。〔　・　〕

ア 視	イ 起	ウ 任	エ 界	オ 誕
カ 就	キ 忠	ク 奮	ケ 創	コ 実

標準解答

1 イ・カ（推定《すいてい》）
2 コ・エ（貴重《きちょう》）
3 オ・シ（秘密《ひみつ》）
4 ア・ク（分担《ぶんたん》）
5 サ・キ（簡潔《かんけつ》）

6 オ・サ（討論《とうろん》）
7 コ・ア（遺産《いさん》）
8 ク・ウ（蒸発《じょうはつ》）
9 カ・キ（郷里《きょうり》）
10 エ・イ（故障《こしょう》）

11 ケ・イ（登頂《とうちょう》）
12 カ・オ（宣言《せんげん》）
13 ア・キ（拡張《かくちょう》）
14 コ・エ（規律《きりつ》）

15 ク・イ（奮起《ふんき》）
16 ア・エ（視界《しかい》）
17 キ・コ（忠実《ちゅうじつ》）
18 カ・ウ（就任《しゅうにん》）

点線で折り、解答をかくしても使えます！

1時間目

難易度Ⅰ

書き取り①

目標時間
6分

●次の——線のカタカナを漢字に直せ。

□ 1 舞《ぶ》台の周りにカンシュウが集まる。

□ 2 自作の詩を心をこめてロウドクする。

□ 3 シャクハチの音色が響《ひび》きわたる。

□ 4 エアコンのデンゲンを切る。

□ 5 カイダンを上って屋上に出る。

□ 6 期限のエンチョウを決める。

□ 7 優秀《しゅう》なズノウを持った集団だ。

□ 8 原稿《こう》用紙三マイに考えをまとめる。

□ 9 卒業式の準備をブンタンして行う。

□ 10 学習意ヨクがわいてくる。

□ 11 ワカモノに人気の野球選手だ。

□ 12 店の売り場をカクチョウする。

□ 13 エネルギー問題をギロンする。

□ 14 ワレと来て遊べや親のないすずめ

□ 15 目を閉じてコキュウを整える。

□ 16 日光が海面でハンシャする。

□ 17 絵画のテンラン会に足を運ぶ。

□ 18 カブ式会社設立の準備を整える。

□ 19 シュウニンのあいさつをする。

□ 20 真綿にハリを包む

あなたの学習の
優先度は?
□A □B □C
使い方は20ページ

□ 21 心のこもった手紙にカンゲキする。
□ 22 考古資料がコクホウに指定される。
□ 23 落とし物をケイサツに届ける。
□ 24 食べ過ぎてイエキが逆流する。
□ 25 自動車のエンジンがコショウする。
□ 26 道路沿いにジュモクを植える。
□ 27 歌手がおしまれつつインタイする。
□ 28 新しい環《かん》境セイサクを立案する。

□ 29 タクハイ便で実家に荷物を送る。
□ 30 コンナンな問題に立ち向かう。
□ 31 泳ぐ前に準備タイソウをする。
□ 32 事件のハイケイを慎《しん》重に調べる。
□ 33 暑くなって夏のフクソウにかえる。
□ 34 チソウから年代を推測する。
□ 35 スジの通った話で理解しやすい。
□ 36 夏の夜空にセイザを探す。

標準解答

1 観衆
2 朗読
3 尺八
4 電源
5 階段
6 延長
7 頭脳
8 枚
9 分担
10 欲
11 若者
12 拡張
13 議論
14 我
15 呼吸
16 反射
17 展覧
18 株
19 就任
20 針
21 感激
22 国宝
23 警察
24 胃液
25 故障
26 樹木
27 引退
28 政策
29 宅配
30 困難
31 体操
32 背景
33 服装
34 地層
35 筋
36 星座

点線で折り、解答をかくしても使えます！

1時間目

難易度Ⅰ

書き取り②

目標時間
6分

あなたの学習の優先度は?
□A □B □C
使い方は20ページ

●次の——線のカタカナを漢字に直せ。

□ 1 タテ書きのノートに日記をつける。
□ 2 セイトウの代表が選挙に出馬する。
□ 3 空港内のケイビを厳重にする。
□ 4 委員長が開会をセンゲンする。
□ 5 通学用にバスのテイキケンを買う。
□ 6 幸福を求めるケンリがある。
□ 7 初孫のタンジョウを喜ぶ。
□ 8 駅の近くにコウソウビルが建つ。
□ 9 難解だが一読のカチがある。
□ 10 正しいケイゴの使い方を教わる。

□ 11 新進の俳優がエイガに主演する。
□ 12 親友にヒミツを打ち明ける。
□ 13 会議をヨクジツに延期する。
□ 14 シキュウの用事で席を離《はな》れる。
□ 15 キュウガタの家電を中古で買う。
□ 16 アリが食べ物をスアナへ運ぶ。
□ 17 魚が海そうにタマゴを産む。
□ 18 世話になった師のオンにむくいる。
□ 19 魚をレイゾウ庫に入れて保存する。
□ 20 店先に目を引くカンバンを立てる。

□ 21 事故のスンゼンで難を逃《のが》れる。 [　　]

□ 22 旅に出て創作イヨクが刺《し》激される。 [　　]

□ 23 人手不足のタイサクを立てる。 [　　]

□ 24 洗たく物をベランダにホす。 [　　]

□ 25 成長期にセが一気にのびる。 [　　]

□ 26 散歩して足のキンニクをきたえる。 [　　]

□ 27 答案用紙のマイスウを確かめる。 [　　]

□ 28 青つるのマドへ顔出す暑さかな [　　]

□ 29 雨フって地固まる [　　]

□ 30 オンセンに肩《かた》までつかる。 [　　]

□ 31 店員が紙で商品をホウソウする。 [　　]

□ 32 幼児が公園でスナ遊びをする。 [　　]

□ 33 テッコツを組み立てて橋をかける。 [　　]

□ 34 原作をチュウジツに再現する。 [　　]

□ 35 遊泳禁止クイキにロープを張る。 [　　]

□ 36 長文を三つのダンラクに分ける。 [　　]

標準解答

1 縦
2 政党
3 警備
4 宣言
5 定期券
6 権利
7 誕生
8 高層
9 価値
10 敬語
11 映画
12 秘密
13 翌日
14 至急
15 旧型
16 巣穴
17 卵
18 恩
19 冷蔵
20 看板
21 寸前
22 意欲
23 対策
24 干
25 背
26 筋肉
27 枚数
28 窓
29 降
30 温泉
31 包装
32 砂
33 鉄骨
34 忠実
35 区域
36 段落

点線で折り、解答をかくしても使えます!

覚えて得する「部首の意味」

部首にはそれぞれ固有の意味があります。そのため、部首が何か一見わかりにくい漢字でも、漢字の意味を考えるとハッと思い当たることがあるものです。わからなくてもすぐあきらめず、意味を考えながら見てみましょう。

⺮ たけかんむり

意味　竹の種類や加工品に関すること

例　箇　筋　策　築
管　節　第　笛

宀 うかんむり

意味　家屋や住むところに関すること

例　宇　宗　宣　宅
宙　宝　密　寄

氵 さんずい

意味　水や川､液体に関すること

例　沿　激　源　済
洗　潮　派　液

月 にくづき

意味　身体の形や器官に関すること

例　胸　臓　腸　脳
肺　腹　肥　脈

扌 てへん

意味　手でする動作に関すること

例　拡　揮　捨　推
操　担　探　拝

刂 りっとう

意味　刃物やそれに関連する行為のこと

例　割　劇　刻　創
刊　制　則　判

阝 おおざと

意味　居住する場所に関すること

例　郷　郵　郡　都

衣 ころも

意味　衣服の形や製造に関すること

例　裁　装　裏　製
衣　表

2時間目

難易度Ⅱ

２時間目は試験で200点中120点を目指すレベルです。合格するために必ず押さえるべき漢字を収録しています。

2時間目

難易度Ⅱ

読み

目標時間 5分

●次の――線の漢字の読みをひらがなで記せ。

1 社内で重要な資料を**回覧**する。

2 堂外から仏像を**拝観**する。

3 戦火を**逃**《のが》れてきた難民を**救済**する。

4 学校の**創立**記念日で祝辞を述べる。

5 ドラマの**収録**現場を見学する。

6 二本の道路が**垂直**に交わる。

7 ひびが入った壁《へき》面を**補修**する。

8 子供のような**純真**な心を持つ。

9 **延**べ十万人が博物館に来館した。

10 コース料理を食べて**満腹**になる。

11 新刊の**著者**がサイン会を開く。

12 他人の言動を厳しく**批評**する。

13 全員の意見を**簡潔**にまとめる。

14 下降している株価の**推移**を見守る。

15 重要な法案が**衆議院**を通過した。

16 鉄道の**沿線**に住宅地を造成する。

17 川の**源**に冷たい地下水がわき出る。

18 五層の**天守閣**が町のシンボルだ。

あなたの学習の優先度は?
□A □B □C
使い方は20ページ

□ 19 公園の砂場で子供と遊ぶ。

□ 20 試験で思う存分に力を発揮する。

□ 21 所蔵している国宝を一般《ぱん》公開する。

□ 22 誤解を招く表現だったとわびる。

□ 23 定刻通りに委員会が始まる。

□ 24 流行曲の歌詞の意味を考える。

□ 25 展望台から遠くの海を見わたす。

□ 26 樹液を吸いにカブトムシが集まる。

□ 27 航空機の装備品を入念に点検する。

□ 28 紅葉が晩秋の山を彩《いろど》る。

□ 29 オーロラの光景が神秘的で美しい。

□ 30 選挙期間中に党首が討論する。

□ 31 憲法改正の議論が巻き起こる。

□ 32 電車の車窓から手を振《ふ》る。

標準解答

1 かいらん
2 はいかん
3 きゅうさい
4 そうりつ
5 しゅうろく
6 すいちょく
7 ほしゅう
8 じゅんしん
9 の
10 まんぷく
11 ちょしゃ
12 ひひょう
13 かんけつ
14 すいい
15 しゅうぎいん
16 えんせん
17 みなもと
18 てんしゅかく
19 すなば
20 ぞんぶん
21 しょぞう
22 ごかい
23 ていこく
24 かし
25 てんぼうだい
26 じゅえき
27 そうび
28 ばんしゅう
29 しんぴ
30 とうしゅ
31 けんぽう
32 しゃそう

1 回覧《かいらん》→一つのものを順にまわして見ること。
2 拝観《はいかん》→神社などをつつしんで見ること。
12 批評《ひひょう》→事の善しあしを指てきすること。
13 簡潔《かんけつ》→平易で的確に要点をつかんでいること。
18 天守閣《てんしゅかく》→城の中心部にある最も高い建物。
21 所蔵《しょぞう》→自分の物として、しまっておくこと。

点線で折り、解答をかくしても使えます！

2時間目

難易度Ⅱ

画数

目標時間
5分

●次の漢字の色の濃い画のところは、筆順の何画目か、また総画数は何画か、算用数字で記せ。

（何画目）〔総画数〕

- □ 1 班（　）〔　〕
- □ 2 穀（　）〔　〕
- □ 3 宝（　）〔　〕
- □ 4 灰（　）〔　〕
- □ 5 覧（　）〔　〕
- □ 6 処（　）〔　〕
- □ 7 衆（　）〔　〕
- □ 8 乳（　）〔　〕
- □ 9 我（　）〔　〕
- □ 10 姿（　）〔　〕
- □ 11 域（　）〔　〕
- □ 12 従（　）〔　〕
- □ 13 批（　）〔　〕
- □ 14 郷（　）〔　〕

あなたの学習の優先度は?
□A □B □C
使い方は20ページ

15 貴 （　）［　］

16 幼 （　）［　］

17 善 （　）［　］

18 臨 （　）［　］

19 展 （　）［　］

20 射 （　）［　］

21 簡 （　）［　］

22 否 （　）［　］

23 奮 （　）［　］

24 難 （　）［　］

25 后 （　）［　］

26 源 （　）［　］

標準解答

1 8・10
2 11・14
3 5・8
4 5・6
5 2・17
6 4・5
7 8・12
8 7・8
9 3・7
10 8・9
11 8・11
12 7・10
13 6・7
14 4・11
15 5・12
16 4・5
17 6・12
18 2・18
19 8・10
20 6・10
21 12・18
22 3・7
23 8・16
24 13・18
25 3・6
26 4・13

点線で折り、解答をかくしても使えます！

2時間目

難易度Ⅱ

熟語の構成

目標時間
5分

あなたの学習の優先度は?
□A □B □C
使い方は20ページ

●熟語の構成には、次のようなものがある。

ア 反対や対《つい》になる意味の字を組み合わせたもの（例 強弱）
イ 同じような意味の字を組み合わせたもの（例 進行）
ウ 上の字が下の字の意味を説明（修飾《しょく》）しているもの（例 国旗）
エ 下の字から上の字へと返って読むと意味がよくわかるもの（例 消火）

●次の熟語は右のア～エのどれに当たるか、一つ選んで記号を記せ。

□ 1 山頂［　］
□ 2 養蚕［　］
□ 3 米俵［　］
□ 4 牛乳［　］
□ 5 樹木［　］
□ 6 取捨［　］
□ 7 温泉［　］
□ 8 厳禁［　］
□ 9 異国［　］
□ 10 軽傷［　］
□ 11 破損［　］
□ 12 暖流［　］

13 家賃

14 半熟

15 築城

16 帰宅

17 当落

18 誠意

19 禁止

20 幼虫

21 去来

22 肥満

23 寒暖

24 開幕

25 潮風

26 古傷

27 洗面

28 城主

標準解答

1 ウ 「山の↓頂き」の意
2 エ 「養う↑蚕を」の意
3 ウ 「米の↓俵」の意
4 ウ 「牛の↓乳」の意
5 イ 樹も木も「き」の意
6 ア 「取る」↕「捨てる」
7 ウ 「温かい↓泉」の意
8 ウ 「厳しく↓禁止する」の意
9 ウ 「よその（異）↓国」の意
10 ウ 「軽い↓傷」の意

11 イ 破も損も「こわれる」の意
12 ウ 「暖かい↓海流」の意
13 ウ 「家の↓借り賃」の意
14 ウ 「半分まで↓熟す」の意
15 エ 「築く↑城を」の意
16 エ 「帰る↑自宅に」の意
17 ア 「当選」↕「落選」
18 ウ 「誠実な↓きもち（意）」の意
19 イ 禁も止も「さしとめる」の意
20 ウ 「生まれて間もない（幼）↓虫」の意

21 ア 「去る」↕「来る」
22 イ 肥も満も「ゆたか」の意
23 ア 「寒い」↕「暖かい」
24 エ 「開く↑幕が」の意
25 ウ 「海からふく（潮）↓風」の意
26 ウ 「古い↓傷」の意
27 エ 「洗う↑顔を（面）」の意
28 ウ 「城の↓主」の意

点線で折り、解答をかくしても使えます!

2時間目

難易度Ⅱ

音と訓①

目標時間
5分

あなたの学習の優先度は？
□A □B □C
使い方は20ページ

●次の熟語の読みは［　］の中のどの組み合わせになっているか、ア〜エの記号を記せ。

ア 音と音　イ 音と訓　ウ 訓と訓　エ 訓と音

□ 1 星座［　］
□ 2 参拝［　］
□ 3 団子［　］
□ 4 針金［　］
□ 5 通訳［　］

□ 6 砂場［　］
□ 7 看護［　］
□ 8 組曲［　］
□ 9 定刻［　］
□ 10 夕刊［　］

□ 11 古傷［　］
□ 12 独奏［　］
□ 13 若葉［　］
□ 14 王様［　］
□ 15 宇宙［　］

□ 16 映写［　］
□ 17 新型［　］
□ 18 麦茶［　］
□ 19 札束［　］
□ 20 回覧［　］

□ 21 若気〔　　〕

□ 22 派手〔　　〕

□ 23 推進〔　　〕

□ 24 包装〔　　〕

□ 25 道順〔　　〕

□ 26 著書〔　　〕

□ 27 絹地〔　　〕

□ 28 職場〔　　〕

□ 29 心臓〔　　〕

□ 30 場所〔　　〕

□ 31 裏庭〔　　〕

□ 32 潮風〔　　〕

□ 33 署名〔　　〕

□ 34 首筋〔　　〕

□ 35 砂地〔　　〕

□ 36 試合〔　　〕

標準解答

1	ア
2	ア
3	イ
4	ウ
5	ア
6	ウ
7	ア
8	エ
9	ア
10	エ
11	ウ
12	ア
13	ウ
14	イ
15	ア
16	ア
17	イ
18	エ
19	イ
20	ア
21	エ
22	イ
23	ア
24	ア
25	エ
26	ア
27	エ
28	イ
29	ア
30	エ
31	ウ
32	ウ
33	ア
34	ウ
35	エ
36	イ

点線で折り、解答をかくしても使えます!

2時間目

難易度Ⅱ

音と訓②

目標時間
5分

あなたの学習の優先度は?
□A □B □C
使い方は20ページ

●次の熟語の読みは□の中のどの組み合わせになっているか、ア〜エの記号を記せ。

ア 音と音　イ 音と訓　ウ 訓と訓　エ 訓と音

□ 1 拡張〔　　〕
□ 2 散乱〔　　〕
□ 3 同盟〔　　〕
□ 4 役割〔　　〕
□ 5 閉店〔　　〕

□ 6 道筋〔　　〕
□ 7 茶色〔　　〕
□ 8 呼吸〔　　〕
□ 9 新顔〔　　〕
□ 10 縦笛〔　　〕

□ 11 体操〔　　〕
□ 12 毛穴〔　　〕
□ 13 疑問〔　　〕
□ 14 創設〔　　〕
□ 15 貯蔵〔　　〕

□ 16 胸囲〔　　〕
□ 17 黒潮〔　　〕
□ 18 看病〔　　〕
□ 19 対策〔　　〕
□ 20 裏作〔　　〕

□ 21 残高〔　　〕

□ 22 規律〔　　〕

□ 23 割引〔　　〕

□ 24 郷里〔　　〕

□ 25 冊数〔　　〕

□ 26 閉館〔　　〕

□ 27 裏側〔　　〕

□ 28 宗教〔　　〕

□ 29 相棒〔　　〕

□ 30 登頂〔　　〕

□ 31 蒸発〔　　〕

□ 32 絹製〔　　〕

□ 33 操作〔　　〕

□ 34 石段〔　　〕

□ 35 日誌〔　　〕

□ 36 裏口〔　　〕

標準解答

1 ア
2 ア
3 ア
4 イ
5 ア

6 ウ
7 イ
8 ア
9 イ
10 ウ

11 ア
12 ウ
13 ア
14 ア
15 ア

16 ア
17 ウ
18 ア
19 ア
20 エ

21 イ
22 ア
23 ウ
24 ア

25 ア
26 ア
27 ウ
28 ア

29 エ
30 ア
31 ア
32 エ

33 ア
34 エ
35 ア
36 ウ

点線で折り、解答をかくしても使えます！

2時間目

難易度Ⅱ

同じ読みの漢字

目標時間 5分

あなたの学習の優先度は?
□A □B □C
使い方は20ページ

●次の――線のカタカナを漢字に直せ。

□ 1 病気の妻を手厚くカン護する。〔　　〕

□ 2 週カン誌にスクープ記事が載《の》る。〔　　〕

□ 3 シオの流れが速くて船が流される。〔　　〕

□ 4 料理にシオを加えて味を調整する。〔　　〕

□ 5 回ソウ列車がホームを通過する。〔　　〕

□ 6 駅前の再開発の構ソウを練る。〔　　〕

□ 7 地元の不動産会社にツトめる。〔　　〕

□ 8 自然環《かん》境の保全にツトめる。〔　　〕

□ 9 老いた母のおトモをして旅行する。〔　　〕

□ 10 竹馬のトモとの再会を喜び合う。〔　　〕

□ 11 新鋭《えい》の書家が個テンを開く。〔　　〕

□ 12 テン字にさわって文字を読み取る。〔　　〕

□ 13 高級な西ヨウ料理に舌鼓《つづみ》を打つ。〔　　〕

□ 14 明治時代にヨウ蚕で栄えた村だ。〔　　〕

□ 15 地元の商店街がテレビにウツる。〔　　〕

□ 16 会社を都心から地方都市にウツす。〔　　〕

17 果樹エンでブドウを育てる。

18 最新の研究について講エンする。

19 凶《きょう》作で野菜のネが上がる。

20 虫のネが草むらから聞こえる。

21 家から駅まで歩いてヤク十分だ。

22 英語の原書を日本語にヤクす。

23 自然豊かな山間部にスみたい。

24 宿題をスまして遊びに出かける。

25 セイ火リレーに参加する。

26 食品の衛セイ管理を厳しくする。

27 遠くの的を目がけて矢をイる。

28 休日も部活で家にイない。

標準解答

1 看　2 刊　3 潮　4 塩　5 送　6 想

7 勤　8 努　9 供　10 友　11 展　12 点

13 洋　14 養　15 映　16 移　17 園　18 演

19 値　20 音　21 約　22 訳　23 住　24 済

25 聖　26 生　27 射　28 居

3 潮《しお》→海水の大きな流れ。

6 構想《こうそう》→物事の内容について、考えを組み立てること。

7 勤《つと》める→会社などにやとわれて働くこと。

8 努《つと》める→力をつくして事を行うこと。

11 個展《こてん》→ある個人の作品のみを集めて開く展覧会。

14 養蚕《ようさん》→蚕を飼い育てて、生糸《きいと》の原料になるまゆをとること。

点線で折り、解答をかくしても使えます!

2時間目

難易度Ⅱ

対義語・類義語

目標時間 7分

あなたの学習の優先度は?
□A □B □C
使い方は20ページ

●次の□の中の語を一度だけ使って漢字に直し、対義語・類義語を記せ。

対義語

□ 1 冷静―興□

□ 2 保守―□新

□ 3 開幕―□幕

□ 4 同種―□種

類義語

□ 5 始末―□理

□ 6 異議―異□

□ 7 他界―死□

□ 8 広告―□伝

い・かく・しょ・せん・ふん・へい・ぼう・ろん

対義語

□ 9 整理―散□

□ 10 横長―□長

□ 11 水平―□直

□ 12 公開―□密

類義語

□ 13 設立―□立

□ 14 向上―発□

□ 15 分野―領□

□ 16 感動―感□

いき・げき・すい・そう・たて・てん・ひ・らん

対義語

17 拡大―□小

18 寒冷―温□

19 容易―困□

20 悪意―□意

類義語

21 外国―□国

22 未来―□来

23 質問―質□

24 有名―□名

い・ぎ・しゅく・しょう・ぜん・だん・ちょ・なん

対義語

25 可決―□決

26 義務―□利

27 表側―□側

28 辞任―□任

類義語

29 討議―討□

30 明日―□日

31 帰省―帰□

32 方法―手□

うら・きょう・けん・しゅう・だん・ひ・よく・ろん

標準解答

1 興《こう》奮《ふん》

2 革《かく》新《しん》

3 閉《へい》幕《まく》

4 異《い》種《しゅ》

5 処《しょ》理《り》

6 異《い》論《ろん》

7 死《し》亡《ぼう》

8 宣《せん》伝《でん》

---

9 散《さん》乱《らん》

10 縦《たて》長《なが》

11 垂《すい》直《ちょく》

12 秘《ひ》密《みつ》

13 創《そう》立《りつ》

14 発《はっ》展《てん》

15 領《りょう》域《いき》

16 感《かん》激《げき》

---

17 縮《しゅく》小《しょう》

18 温《おん》暖《だん》

19 困《こん》難《なん》

20 善《ぜん》意《い》

21 異《い》国《こく》

22 将《しょう》来《らい》

23 質《しつ》疑《ぎ》

24 著《ちょ》名《めい》

---

25 否《ひ》決《けつ》

26 権《けん》利《り》

27 裏《うら》側《がわ》

28 就《しゅう》任《にん》

29 討《とう》論《ろん》

30 翌《よく》日《じつ》

31 帰《き》郷《きょう》

32 手《しゅ》段《だん》

点線で折り、解答をかくしても使えます!

2時間目

難易度Ⅱ

四字熟語

目標時間
5分

あなたの学習の優先度は?
□A □B □C
使い方は20ページ

●次の――線のカタカナを漢字で記せ。

□ 1 記録エイ画 〔　〕

□ 2 精ミツ機械 〔　〕

□ 3 通学区イキ 〔　〕

□ 4 天地ソウ造 〔　〕

□ 5 集合住タク 〔　〕

□ 6 賛否両ロン 〔　〕

□ 7 期間エン長 〔　〕

□ 8 キン務時間 〔　〕

□ 9 イロ同音 〔　〕

□ 10 温ダン前線 〔　〕

□ 11 信号無シ 〔　〕

□ 12 方位ジ針 〔　〕

□ 13 器楽演ソウ ［　　］

□ 14 反シャ神経 ［　　］

□ 15 非常階ダン ［　　］

□ 16 価チ判断 ［　　］

□ 17 月刊雑シ ［　　］

□ 18 器械体ソウ ［　　］

□ 19 世界イ産 ［　　］

□ 20 一心不ラン ［　　］

□ 21 生ゾン競争 ［　　］

□ 22 酸素キュウ入 ［　　］

標準解答

1 記録映画《きろくえいが》
2 精密機械《せいみつきかい》
3 通学区域《つうがくくいき》
4 天地創造《てんちそうぞう》
5 集合住宅《しゅうごうじゅうたく》
6 賛否両論《さんぴりょうろん》
7 期間延長《きかんえんちょう》
8 勤務時間《きんむじかん》
9 異口同音《いくどうおん》
10 温暖前線《おんだんぜんせん》
11 信号無視《しんごうむし》
12 方位磁針《ほういじしん》
13 器楽演奏《きがくえんそう》
14 反射神経《はんしゃしんけい》
15 非常階段《ひじょうかいだん》
16 価値判断《かちはんだん》
17 月刊雑誌《げっかんざっし》
18 器械体操《きかいたいそう》
19 世界遺産《せかいいさん》
20 一心不乱《いっしんふらん》
21 生存競争《せいぞんきょうそう》
22 酸素吸入《さんそきゅうにゅう》

点線で折り、解答をかくしても使えます!

2時間目

難易度Ⅱ

送りがな

●次の――線のカタカナを漢字一字と送りがな（ひらがな）で記せ。

□ 1 土仕事で汚《よご》れた手をアラウ。〔　　〕

□ 2 テーブルから食器が落ちてワレル。〔　　〕

□ 3 公園のイタル所で桜が咲《さ》き始める。〔　　〕

□ 4 夕日が西の空をあかね色にソメル。〔　　〕

□ 5 両者の主張を聞いて公平にサバク。〔　　〕

□ 6 不足した鉄分を野菜でオギナウ。〔　　〕

□ 7 毎日午後五時に校門をトジル。〔　　〕

□ 8 予定にはない事態が発生しコマル。〔　　〕

□ 9 来客用のいすを一列にナラベル。〔　　〕

□ 10 アブナイ場所に注意をはらう。〔　　〕

□ 11 引率者の案内にシタガッて進む。〔　　〕

□ 12 祖父の墓前に花をソナエル。〔　　〕

□ 13 ワカイころの思い出を振《ふ》り返る。〔　　〕

□ 14 波のない海面に満月がウツル。〔　　〕

□ 15 事情を説明してウタガイを晴らす。〔　　〕

□ 16 音楽の才能が世界でミトメラれる。〔　　〕

□ 17 ハゲシイ雨の音で目が覚める。〔　　〕

□ 18 首位のチームとの差がチヂマル。〔　　〕

目標時間 5分

あなたの学習の優先度は?
□A □B □C
使い方は20ページ

19 教科書を学校にワスレル。

20 オサナイ子の手を引いて散歩する。

21 十分に説明して不安を取りノゾク。

22 本当の話かどうかウタガワシイ。

23 頭がイタイので市販《はん》の薬を飲む。

24 本番を前に身がチヂム。

25 大雪で鉄道のダイヤがミダレル。

26 習字の月謝を期日までにオサメル。

27 船からつり糸をタレル。

28 山頂から初日の出をオガム。

29 例年にないキビシイ暑さが続く。

30 国によって文化や風習がコトナル。

31 日がクレル前に家に帰る。

32 夏休みの宿題を早めにスマス。

標準解答

1 洗う
2 割れる
3 至る
4 染める
5 裁く
6 補う
7 閉じる
8 困る
9 並べる
10 危ない
11 従っ
12 供える
13 若い
14 映る
15 疑い
16 認めら
17 激しい
18 縮まる
19 忘れる
20 幼い
21 除く
22 疑わしい
23 痛い
24 縮む
25 乱れる
26 納める
27 垂れる
28 拝む
29 厳しい
30 異なる
31 暮れる
32 済ます

点線で折り、解答をかくしても使えます!

熟語作り

目標時間 7分

あなたの学習の優先度は?
□A □B □C
使い方は20ページ

●次の□の中から漢字を選んで、次の意味に当てはまる熟語を作り、記号を記せ。

□ 1 ある物事が始まること。［・］

□ 2 神社や寺をおとずれておがむこと。［・］

□ 3 光などが物体に当たってはね返ること。［・］

□ 4 他人のあやまちを、心をこめていさめること。［・］

□ 5 事の善しあしを指てきすること。［・］

ア評	イ開	ウ危	エ拝	オ射	カ参
キ幕	ク未	ケ反	コ忠	サ告	シ批

□ 6 物を思いどおりに動かすこと。［・］

□ 7 文書に自分のなまえを書くこと。［・］

□ 8 ぴったりと、くっつくこと。［・］

□ 9 物事をさばいて始末をつけること。［・］

□ 10 事実と異なる知らせ。［・］

ア誤	イ理	ウ署	エ吸	オ密	カ報
キ名	ク着	ケ操	コ縦	サ異	シ処

□ 11 人間の考えをこえた不思議。［　・　］

□ 12 仕事につくこと。［　・　］

□ 13 気持ちが高ぶること。［　・　］

□ 14 団体などに入ること。［　・　］

ア 純　イ 加　ウ 担　エ 秘　オ 神
カ 職　キ 興　ク 就　ケ 奮　コ 盟

□ 15 物に動じず、こわがらない心。［　・　］

□ 16 持っている力を十分にふるうこと。［　・　］

□ 17 人の生がいの終わりのころ。［　・　］

□ 18 果実などがまだじゅくしていないこと。［　・　］

ア 優　イ 度　ウ 年　エ 揮　オ 発
カ 熟　キ 胸　ク 晩　ケ 賛　コ 未

標準解答

1 イ・キ（開幕《かいまく》）
2 カ・エ（参拝《さんぱい》）
3 ケ・オ（反射《はんしゃ》）
4 コ・サ（忠告《ちゅうこく》）
5 シ・ア（批評《ひひょう》）
6 ケ・コ（操縦《そうじゅう》）
7 ウ・キ（署名《しょめい》）
8 オ・ク（密着《みっちゃく》）
9 シ・イ（処理《しょり》）
10 ア・カ（誤報《ごほう》）
11 オ・エ（神秘《しんぴ》）
12 ク・カ（就職《しゅうしょく》）
13 キ・ケ（興奮《こうふん》）
14 イ・コ（加盟《かめい》）
15 イ・キ（度胸《どきょう》）
16 オ・エ（発揮《はっき》）
17 ク・ウ（晩年《ばんねん》）
18 コ・カ（未熟《みじゅく》）

点線で折り、解答をかくしても使えます！

2時間目

難易度Ⅱ

書き取り

目標時間
6分

あなたの学習の優先度は？
□A □B □C
使い方は20ページ

●次の――線のカタカナを漢字に直せ。

□ 1 決勝で勝利を収めてオウザにつく。

□ 2 春の野山をサンサクする。

□ 3 セオヨぎで銅メダルを取る。

□ 4 病人を手厚くカンゴする。

□ 5 銀行に手持ちの現金をアズける。

□ 6 木造住宅がミッシュウする。

□ 7 ノウの働きが正常か検査する。

□ 8 雨天で運動会をエンキする。

□ 9 ショクヨクをそそる盛り付けだ。

□ 10 総理大臣がナイカクを組織する。

□ 11 ハイイロの雪雲が空をおおう。

□ 12 勇気ある行動にムネを打たれる。

□ 13 手のウラを返す

□ 14 新米を倉庫にチョゾウする。

□ 15 現在の政治をカイカクする。

□ 16 ウチュウ飛行士にあこがれる。

□ 17 テツボウの逆上がりを練習する。

□ 18 キズグチに消毒薬をぬる。

□ 19 生徒が描《えが》いた絵をテンジする。

□ 20 母の優しさがホネミにしみる。

21 国会で与《よ》野党がトウロンする。

22 コンサートで観衆がコウフンする。

23 カタミチの乗車券を買う。

24 安全ソウチが正しく作動する。

25 マイバン子供に絵本を読む。

26 国際連合へのカメイを認める。

27 実力を存分にハッキして合格する。

28 上司を心からソンケイする。

29 霧《きり》が晴れてシカイが開ける。

30 川のリュウイキに田畑が広がる。

31 図を三分の一にシュクシャクする。

32 大気汚染《せん》はシンコクな問題だ。

33 公園のスナバで山を作る。

34 ソウリツ記念日で学校は休みだ。

35 体育館にコウハクの幕を張る。

36 ギターのドクソウに聞き入る。

標準解答

1 王座
2 散策
3 背泳
4 看護
5 預
6 密集
7 脳
8 延期
9 食欲
10 内閣
11 灰色
12 胸
13 裏
14 貯蔵
15 改革
16 宇宙
17 鉄棒
18 傷口
19 展示
20 骨身
21 討論
22 興奮
23 片道
24 装置
25 毎晩
26 加盟
27 発揮
28 尊敬
29 視界
30 流域
31 縮尺
32 深刻
33 砂場
34 創立
35 紅白
36 独奏

点線で折り、解答をかくしても使えます!

特別な読み方

漢字の読みには、特別な読み方をするものがあります。一字一字の音訓ではなく、ひとまとまりの言葉として読むもののうち、小学校第6学年までに学習する語を下記にまとめました。確実に読めるようにしておきましょう。

付表の読み

- 明日（あす）
- 大人（おとな）
- 母さん（かあさん）
- 河原・川原（かわら）
- 昨日（きのう）
- 今日（きょう）
- 果物（くだもの）
- 今朝（けさ）
- 景色（けしき）
- 今年（ことし）
- 清水（しみず）
- 上手（じょうず）
- 七夕（たなばた）
- 一日（ついたち）
- 手伝う（てつだう）
- 父さん（とうさん）
- 時計（とけい）

- 友達（ともだち）
- 兄さん（にいさん）
- 姉さん（ねえさん）
- 博士（はかせ）
- 二十日（はつか）
- 一人（ひとり）
- 二人（ふたり）
- 二日（ふつか）
- 下手（へた）
- 部屋（へや）
- 迷子（まいご）
- 真面目（まじめ）
- 真っ赤（まっか）
- 真っ青（まっさお）
- 眼鏡（めがね）
- 八百屋（やおや）

付表の読み（都道府県）

- 愛媛（えひめ）
- 茨城（いばらき）
- 岐阜（ぎふ）
- 鹿児島（かごしま）
- 滋賀（しが）
- 宮城（みやぎ）
- 神奈川（かながわ）
- 鳥取（とっとり）
- 大阪（おおさか）
- 富山（とやま）
- 大分（おおいた）
- 奈良（なら）

3 時間目

難易度Ⅲ

３時間目は試験で200点中135点を目指すレベルです。
合格範囲内の140点まであと少しです。
気合いを入れてがんばりましょう。

3時間目

難易度Ⅲ

読み

目標時間
5分

あなたの学習の優先度は?
□A □B □C
使い方は20ページ

●次の――線の漢字の読みをひらがなで記せ。

□ 1 日々の**規律**正しい生活を心がける。

□ 2 与《よ》党の**候補者**が選挙に当選する。

□ 3 山の**中腹**でひと休みする。

□ 4 国王夫妻が外国を**歴訪**する。

□ 5 これまでにはない**理論**を展開する。

□ 6 観葉植物を**株分**けして増やす。

□ 7 土砂くずれで道路が**寸断**される。

□ 8 多くの意見を**尊重**して結論を出す。

□ 9 **半熟**のゆで卵を食べる。

□ 10 **秘宝**が特別に一般《ぱん》公開される。

□ 11 図書館で参考になる資料を**探**す。

□ 12 コーチの言葉に選手が**奮起**する。

□ 13 都会での仕事を辞めて**郷里**に帰る。

□ 14 **武将**が愛用した日本刀を展示する。

□ 15 冷夏で野菜が**値上**がりする。

□ 16 バスの出発前に生徒を**点呼**する。

□ 17 暑さで**首筋**から汗《あせ》がしたたる。

□ 18 秋の夜や障子の**穴**が笛を吹《ふ》き

19 母校の校歌を作詞作曲する。

20 心臓から血液が送り出される。

21 蒸気機関車が鉄橋を渡《わた》る。

22 新人を育てて戦力を補強する。

23 地元の名士が学校を創設する。

24 売れ残った品を割引価格で売る。

25 火事の原因を放火と推定した。

26 沿道でマラソンを観戦する。

27 首相の演説を英語に通訳する。

28 寒い日が続き巨大な樹氷ができた。

29 ほ乳類は肺で呼吸する。

30 セミの幼虫が土の中で過ごす。

31 大きな河川に鋼鉄製の橋をかける。

32 野球場に大勢の観衆が集まる。

標準解答

1 きりつ
2 こうほしゃ
3 ちゅうふく
4 れきほう
5 りろん
6 かぶわ
7 すんだん
8 そんちょう
9 はんじゅく
10 ひほう
11 さが
12 ふんき
13 きょうり
14 ぶしょう
15 ねあ
16 てんこ
17 くびすじ
18 あな
19 さくし
20 しんぞう
21 じょうき
22 ほきょう
23 そうせつ
24 わりびき
25 すいてい
26 えんどう
27 つうやく
28 じゅひょう
29 はい
30 ようちゅう
31 こうてつ
32 かんしゅう

1 規律《きりつ》→人としての行いの手本となる決まり。
3 中腹《ちゅうふく》→山の頂上とふもととの間。
4 歴訪《れきほう》→次々と人や土地を訪れること。
6 株分《かぶわ》け→植物の根を親株から分けて植えること。
12 奮起《ふんき》→気持ちをふるい立たせること。
13 郷里《きょうり》→生まれ育った場所。
31 鋼鉄《こうてつ》→きたえて、かたくした鉄。

点線で折り、解答をかくしても使えます!

部首と部首名①

目標時間 6分

あなたの学習の優先度は?
□A □B □C
使い方は20ページ

●次の漢字の部首と部首名を□の中から選んで記号で記せ。

（部首）〔部首名〕

1 □ 討 （　）〔　〕

2 □ 欲 （　）〔　〕

3 □ 装 （　）〔　〕

4 □ 賃 （　）〔　〕

5 □ 模 （　）〔　〕

6 □ 幕 （　）〔　〕

あ 言　い 衣　う 欠
え 木　お 貝　か 巾

ア きへん　イ はば　ウ かい こがい
エ ごんべん　オ ころも　カ あくび かける

---

7 □ 沿 （　）〔　〕

8 □ 宇 （　）〔　〕

9 □ 届 （　）〔　〕

10 □ 著 （　）〔　〕

11 □ 暮 （　）〔　〕

12 □ 認 （　）〔　〕

あ 尸　い 日　う 宀
え 言　お 艹　か 氵

ア ひ　イ さんずい　ウ かばね しかばね
エ ごんべん　オ くさかんむり　カ うかんむり

13 忠（　　）［　　］

14 聖（　　）［　　］

15 蚕（　　）［　　］

16 宣（　　）［　　］

あ 宀　い 心
う 耳　え 虫

ア むし　イ みみ
ウ こころ　エ うかんむり

---

17 敬（　　）［　　］

18 激（　　）［　　］

19 我（　　）［　　］

20 舌（　　）［　　］

あ 舌　い 氵
う 攵　え 戈

ア さんずい　イ ほこづくり ほこがまえ
ウ のぶん ぼくづくり　エ した

標準解答

1 あ・エ
2 う・カ
3 い・オ
4 お・ウ
5 え・ア
6 か・イ

7 か・イ
8 う・カ
9 あ・ウ
10 お・オ
11 い・ア
12 え・エ

13 い・ウ
14 う・イ
15 え・ア
16 あ・エ

17 う・ウ
18 い・ア
19 え・イ
20 あ・エ

点線で折り、解答をかくしても使えます!

3時間目

難易度Ⅲ

部首と部首名②

目標時間
6分

あなたの学習の優先度は?
□A □B □C
使い方は20ページ

●次の漢字の部首と部首名を□の中から選んで記号で記せ。

（部首）　［部首名］

□1 誌（　）［　］
□2 脳（　）［　］
□3 裏（　）［　］
□4 覧（　）［　］
□5 難（　）［　］
□6 宗（　）［　］

あ 衣　い 宀　う 月
え 隹　お 見　か 言

ア みる　イ にくづき　ウ ごんべん
エ ころも　オ ふるとり　カ うかんむり

□7 詞（　）［　］
□8 若（　）［　］
□9 割（　）［　］
□10 延（　）［　］
□11 拡（　）［　］
□12 異（　）［　］

あ 扌　い 刂　う 廴
え 言　お 田　か 艹

ア てへん　イ えんにょう　ウ くさかんむり
エ りっとう　オ ごんべん　カ た

□ 13 憲 （ ）［ ］

□ 14 砂 （ ）［ ］

□ 15 筋 （ ）［ ］

□ 16 誕 （ ）［ ］

あ ⺮　い 心　う 言　え 石

ア たけかんむり　イ いしへん　ウ こころ　エ ごんべん

□ 17 宝 （ ）［ ］

□ 18 痛 （ ）［ ］

□ 19 裁 （ ）［ ］

□ 20 熟 （ ）［ ］

あ 宀　い 疒　う 衣　え 灬

ア れんが れっか　イ うかんむり　ウ やまいだれ　エ ころも

標準解答

1 か・ウ
2 う・イ
3 あ・エ
4 お・ア
5 え・オ
6 い・カ
7 え・オ
8 か・ウ
9 い・エ
10 う・イ
11 あ・ア
12 お・カ
13 い・ウ
14 え・イ
15 あ・ア
16 う・エ
17 あ・イ
18 い・ウ
19 う・エ
20 え・ア

点線で折り、解答をかくしても使えます!

3時間目

難易度Ⅲ

熟語の構成

目標時間
5分

あなたの学習の優先度は?
□A □B □C
使い方は20ページ

●熟語の構成には、次のようなものがある。

ア 反対や対《つい》になる意味の字を組み合わせたもの（例　強弱）
イ 同じような意味の字を組み合わせたもの（例　進行）
ウ 上の字が下の字の意味を説明（修飾《しょく》）しているもの（例　国旗）
エ 下の字から上の字へと返って読むと意味がよくわかるもの（例　消火）

●次の熟語は右のア～エのどれに当たるか、一つ選んで記号を記せ。

□ 1 洗顔［　　］
□ 2 胸囲［　　］
□ 3 困苦［　　］
□ 4 純金［　　］
□ 5 除去［　　］
□ 6 班長［　　］
□ 7 難題［　　］
□ 8 表現［　　］
□ 9 紅茶［　　］
□ 10 在宅［　　］
□ 11 特権［　　］
□ 12 永久［　　］

□ 13 自己〔　　〕

□ 14 挙手〔　　〕

□ 15 増減〔　　〕

□ 16 尊敬〔　　〕

□ 17 因果〔　　〕

□ 18 胸中〔　　〕

□ 19 帰郷〔　　〕

□ 20 価値〔　　〕

□ 21 母乳〔　　〕

□ 22 難易〔　　〕

□ 23 往復〔　　〕

□ 24 裏表〔　　〕

□ 25 厳守〔　　〕

□ 26 悲劇〔　　〕

□ 27 国宝〔　　〕

□ 28 公私〔　　〕

標準解答

1 エ「洗う↑顔を」の意
2 ウ「胸の↓まわりの長さ（囲）」の意
3 イ 困も苦も「くるしむ」の意
4 ウ「純すいな↓金」の意
5 イ 除も去も「のぞく」の意
6 ウ「班の↓長」の意
7 ウ「難しい↓問題」の意
8 イ 表も現も「あらわす」の意
9 ウ「赤い（紅）↓茶」の意
10 エ「いる（在）↑自宅に」の意

11 ウ「特別な↓権利」の意
12 イ 永も久も「ながい」の意
13 イ 自も己も「おのれ」の意
14 エ「あげる↑手を」の意
15 ア「増える」↕「減る」
16 イ 尊も敬も「うやまう」の意
17 ア「原因」↕「結果」
18 ウ「こころの（胸）↓中」の意
19 エ「帰る↑故郷に」の意
20 イ 価も値も「ねうち」の意

21 ウ「母親の↓乳」の意
22 ア「難しい」↕「易しい」
23 ア「いく（往）」↕「かえる（復）」
24 ア「うら」↕「おもて」
25 ウ「厳しく↓守る」の意
26 ウ「悲しい↓劇」の意
27 ウ「国の↓宝」の意
28 ア「おおやけ」↕「わたくし」

点線で折り、解答をかくしても使えます！

3時間目

難易度Ⅲ

音と訓

目標時間 5分

あなたの学習の優先度は？
□A □B □C
使い方は20ページ

●次の熟語の読みは□の中のどの組み合わせになっているか、ア〜エの記号を記せ。

ア 音と音　イ 音と訓　ウ 訓と訓　エ 訓と音

□ 1 手帳〔　〕
□ 2 係長〔　〕
□ 3 布製〔　〕
□ 4 補助〔　〕
□ 5 番付〔　〕

□ 6 巻物〔　〕
□ 7 起源〔　〕
□ 8 針箱〔　〕
□ 9 尊重〔　〕
□ 10 首脳〔　〕

□ 11 朗読〔　〕
□ 12 座高〔　〕
□ 13 模型〔　〕
□ 14 土手〔　〕
□ 15 討議〔　〕

□ 16 運賃〔　〕
□ 17 図星〔　〕
□ 18 興奮〔　〕
□ 19 明朗〔　〕
□ 20 優勝〔　〕

21	22	23	24
拡大	番組	除草	温泉

25	26	27	28
裏地	沿岸	親分	聖火

29	30	31	32
水源	誤答	味方	養蚕

33	34	35	36
政党	背後	宝箱	縦長

標準解答

1	2	3	4	5
エ	エ	エ	ア	イ

6	7	8	9	10
ウ	ア	ウ	ア	ア

11	12	13	14	15
ア	ア	ア	イ	ア

16	17	18	19	20
ア	イ	ア	ア	ア

21	22	23	24
ア	イ	ア	ア

25	26	27	28
エ	ア	エ	ア

29	30	31	32
ア	ア	イ	ア

33	34	35	36
ア	ア	ウ	ウ

点線で折り、解答をかくしても使えます!

3時間目

難易度Ⅲ

同じ読みの漢字

目標時間
5分

あなたの学習の優先度は?
□A □B □C
使い方は20ページ

●次の――線のカタカナを漢字に直せ。

□ 1 大部分の国が国連にカ盟している。

□ 2 下流のカロ付近に工場が点在する。

□ 3 新しいチョウ舎に建てかえる。

□ 4 人気絶チョウの歌手が引退する。

□ 5 寝《ね》る前の読書をシュウ慣にする。

□ 6 駅の公シュウ電話で家に連絡《らく》する。

□ 7 所得に応じて税金をオサめる。

□ 8 君主が広大な国土をオサめる。

□ 9 コンサートでギターを独ソウする。

□ 10 客船をソウ縦して太平洋を渡《わた》る。

□ 11 俳ユウを志して上京する。

□ 12 公園への立入りをユウ料化する。

□ 13 電車が時コク通りに駅に到《とう》着する。

□ 14 外国からコク物を輸入する。

□ 15 ホールケーキを三人でトウ分する。

□ 16 めずらしい食材が店トウに並ぶ。

17 コンクールで合唱の指キをする。
18 海外留学でキ重な体験をする。
19 シ急の用件で会社に電話する。
20 世界経済の動向を注シする。
21 旅先での感動を詩で表ゲンする。
22 校内は土足ゲン禁だ。

23 兄の性格は弟と対ショウ的だ。
24 受験願書にショウ明写真をはる。
25 例年にない降スイ量を記録する。
26 ボランティア活動をスイ進する。
27 誠イを示して相手の協力を求める。
28 容イに解決できる問題ではない。

標準解答

1 加	2 河	3 庁	4 頂	5 習	6 衆
7 納	8 治	9 奏	10 操	11 優	12 有
13 刻	14 穀	15 等	16 頭	17 揮	18 貴
19 至	20 視	21 現	22 厳	23 照	24 証
25 水	26 推	27 意	28 易		

2 **河口《かこう》**→河川が海や湖に注ぎこむ場所。
7 **納《おさ》める**→しかるべき金や物を、受け手にわたすこと。
8 **治《おさ》める**→国などを支配すること。
9 **独奏《どくそう》**→一人で楽器を演奏すること。
20 **注視《ちゅうし》**→注意深く見ること。
23 **対照的《たいしょうてき》**→他の物と比べて見たとき正反対なこと。
27 **誠意《せいい》**→欲がなく、いつわりのない心。

点線で折り、解答をかくしても使えます!

3時間目

難易度Ⅲ

対義語・類義語

目標時間
8分

あなたの学習の優先度は?
□A □B □C
使い方は20ページ

●次の□の中の語を一度だけ使って漢字に直し、対義語・類義語を記せ。

対義語

□ 1 死亡―□生

□ 2 横糸―□糸

□ 3 両方―□方

□ 4 延長―短□

類義語

□ 5 家屋―住□

□ 6 大切―□重

□ 7 批評―批□

□ 8 所得―□入

かた・き・しゅう・しゅく・たく・たて・たん・はん

対義語

□ 9 成熟―□熟

□ 10 安全―□険

□ 11 同質―□質

□ 12 発散―□収

類義語

□ 13 簡単―単□

□ 14 重荷―負□

□ 15 役者―俳□

□ 16 同意―□成

い・き・きゅう・さん・じゅん・たん・み・ゆう

対義語

□ 17 応答—質□

□ 18 正常—□常

□ 19 正面—□面

□ 20 満潮—□潮

類義語

□ 21 定時—定□

□ 22 指図—指□

□ 23 改新—改□

□ 24 手段—方□

い・かく・かん・き・ぎ・こく・さく・はい

対義語

□ 25 表門—□門

□ 26 寒流—□流

□ 27 実物—□型

□ 28 散在—□集

類義語

□ 29 改良—改□

□ 30 直前—□前

□ 31 出生—□生

□ 32 作者—□者

うら・すん・ぜん・たん・だん・ちょ・みっ・も

標準解答

1 誕生《たんじょう》　2 縦糸《たていと》　3 片方《かたほう》　4 短縮《たんしゅく》

5 住宅《じゅうたく》　6 貴重《きちょう》　7 批判《ひはん》　8 収入《しゅうにゅう》

---

9 未熟《みじゅく》　10 危険《きけん》　11 異質《いしつ》　12 吸収《きゅうしゅう》

13 単純《たんじゅん》　14 負担《ふたん》　15 俳優《はいゆう》　16 賛成《さんせい》

---

17 質疑《しつぎ》　18 異常《いじょう》　19 背面《はいめん》　20 干潮《かんちょう》

21 定刻《ていこく》　22 指揮《しき》　23 改革《かいかく》　24 方策《ほうさく》

---

25 裏門《うらもん》　26 暖流《だんりゅう》　27 模型《もけい》　28 密集《みっしゅう》

29 改善《かいぜん》　30 寸前《すんぜん》　31 誕生《たんじょう》　32 著者《ちょしゃ》

点線で折り、解答をかくしても使えます!

3時間目

難易度Ⅲ

四字熟語

目標時間
5分

●次の——線のカタカナを漢字で記せ。

□ 1 負タン軽減

□ 2 カタ側通行

□ 3 タク地造成

□ 4 ジョ雪作業

□ 5 人エコ吸

□ 6 明ロウ快活

□ 7 自画自サン

□ 8 人間国ホウ

□ 9 予防注シャ

□ 10 ホ足説明

□ 11 ザ席指定

□ 12 ジョウ気機関

あなたの学習の優先度は?
□A □B □C
使い方は20ページ

□ 13 リン機応変 【　】

□ 14 世ロン調査 【　】

□ 15 無理ナン題 【　】

□ 16 大器バン成 【　】

□ 17 大同小イ 【　】

□ 18 発車時コク 【　】

□ 19 完全無ケツ 【　】

□ 20 シュウ職活動 【　】

□ 21 水玉モ様 【　】

□ 22 人ロミツ度 【　】

標準解答

1 負担軽減《ふたんけいげん》

2 片側通行《かたがわつうこう》

3 宅地造成《たくちぞうせい》

4 除雪作業《じょせつさぎょう》

5 人工呼吸《じんこうこきゅう》

6 明朗快活《めいろうかいかつ》

7 自画自賛《じがじさん》

8 人間国宝《にんげんこくほう》

9 予防注射《よぼうちゅうしゃ》

10 補足説明《ほそくせつめい》

11 座席指定《ざせきしてい》

12 蒸気機関《じょうききかん》

13 臨機応変《りんきおうへん》

14 世論調査《よろんちょうさ》

15 無理難題《むりなんだい》

16 大器晩成《たいきばんせい》

17 大同小異《だいどうしょうい》

18 発車時刻《はっしゃじこく》

19 完全無欠《かんぜんむけつ》

20 就職活動《しゅうしょくかつどう》

21 水玉模様《みずたまもよう》

22 人口密度《じんこうみつど》

点線で折り、解答をかくしても使えます!

3時間目

難易度Ⅲ

熟語作り

●次の□の中から漢字を選んで、次の意味に当てはまる熟語を作り、記号を記せ。

□ 1 ほしがったり願ったりする気持ち。〔 ・ 〕

□ 2 動きをまとめるため人にするさしず。〔 ・ 〕

□ 3 多くの人に知られていること。〔 ・ 〕

□ 4 きびしい様子。〔 ・ 〕

□ 5 大切におさめて、しまっておくこと。〔 ・ 〕

ア 格　イ 疑　ウ 異　エ 名　オ 望　カ 指
キ 欲　ク 著　ケ 秘　コ 蔵　サ 厳　シ 揮

□ 6 役に立つと思われるね打ち。〔 ・ 〕

□ 7 すい取ること。〔 ・ 〕

□ 8 事件や現象が起きるほんの少しまえ。〔 ・ 〕

□ 9 とても大切なものとしてあつかうこと。〔 ・ 〕

□ 10 物事を検討して評価すること。〔 ・ 〕

ア 値　イ 背　ウ 判　エ 干　オ 収　カ 批
キ 価　ク 前　ケ 重　コ 吸　サ 寸　シ 尊

□ 11 私利私欲なく素直に向き合う心。［　・　］

□ 12 物を作り出すもとになるもの。［　・　］

□ 13 一つのことに集中して取り組むこと。［　・　］

□ 14 自分の家にいること。［　・　］

ア 専　イ 念　ウ 誠　エ 資　オ 刻
カ 源　キ 在　ク 揮　ケ 意　コ 宅

□ 15 たりない部分を付け加えること。［　・　］

□ 16 身体にけがをおうこと。［　・　］

□ 17 災害などへの注意をうながすこと。［　・　］

□ 18 多くの人。［　・　］

ア 警　イ 革　ウ 策　エ 補　オ 報
カ 負　キ 足　ク 衆　ケ 傷　コ 大

標準解答

1 キ・オ（欲望《よくぼう》）
2 カ・シ（指揮《しき》）
3 ク・エ（著名《ちょめい》）
4 サ・ア（厳格《げんかく》）
5 ケ・コ（秘蔵《ひぞう》）

6 キ・ア（価値《かち》）
7 コ・オ（吸収《きゅうしゅう》）
8 サ・ク（寸前《すんぜん》）
9 シ・ケ（尊重《そんちょう》）
10 カ・ウ（批判《ひはん》）

11 ウ・ケ（誠意《せいい》）
12 エ・カ（資源《しげん》）
13 ア・イ（専念《せんねん》）
14 キ・コ（在宅《ざいたく》）

15 エ・キ（補足《ほそく》）
16 カ・ケ（負傷《ふしょう》）
17 ア・オ（警報《けいほう》）
18 コ・ク（大衆《たいしゅう》）

点線で折り、解答をかくしても使えます！

3時間目

難易度Ⅲ

書き取り

目標時間 7分

あなたの学習の優先度は?

□A □B □C

使い方は20ページ

●次の――線のカタカナを漢字に直せ。

□ 1 ふとん着てねたるスガタや東山

□ 2 ゼンは急げ

□ 3 取引先とのけい約をカイジョする。

□ 4 試合で負った足のキズが治った。

□ 5 スポーツで右足をコッセツする。

□ 6 テレビのエイゾウが乱れる。

□ 7 燃やした後のハイを土にうめる。

□ 8 カイコのまゆから糸をつむぐ。

□ 9 短冊にハイクをしたためる。

□ 10 外国をホウモンして知見を広める。

□ 11 山のチョウジョウにたどり着く。

□ 12 犬も歩けばボウに当たる

□ 13 授業に遅《おく》れたワケを先生に話す。

□ 14 先輩《ぱい》のチュウコクを無視する。

□ 15 手ぶくろがカタホウ落ちている。

□ 16 弱小チームがキョウテキを破る。

□ 17 タンジュンな仕事にあきてくる。

□ 18 都市部は人口ミツドが非常に高い。

□ 19 タンニンの先生に年賀状を出す。

□ 20 台風で鉄道がスンダンされる。

□ 21 野原一面にワカバが生いしげる。

□ 22 話の内容をカンケツにまとめる。

□ 23 海外でキチョウな体験をする。

□ 24 センヨウの工具で木材を加工する。

□ 25 冷暗所にコクモツを貯蔵する。

□ 26 ウンチンを調べて乗車券を買う。

□ 27 ユウショウパレードに大勢集まる。

□ 28 学校のウラニワで野菜を育てる。

□ 29 命に過ぎたるタカラなし

□ 30 コウチャに砂糖を入れて飲む。

□ 31 最後までリッパにやりとげる。

□ 32 即《そっ》興でピアノをエンソウする。

□ 33 チイキの住民同士が交流を深める。

□ 34 牛のチチしぼりを体験する。

□ 35 人気作家のスイリ小説を愛読する。

□ 36 子供部屋のモヨウがえをする。

標準解答

1 姿
2 善
3 解除
4 傷
5 骨折
6 映像
7 灰
8 蚕
9 俳句
10 訪問
11 頂上
12 棒
13 訳
14 忠告
15 片方
16 強敵
17 単純
18 密度
19 担任
20 寸断
21 若葉
22 簡潔
23 貴重
24 専用
25 穀物
26 運賃
27 優勝
28 裏庭
29 宝
30 紅茶
31 立派
32 演奏
33 地域
34 乳
35 推理
36 模様

点線で折り、解答をかくしても使えます!

気をつけたい筆順

5級では筆順の問題が問われます。バランスのとれた形のよい字を正しく書けるように、筆順を覚えましょう。下記にまちがいやすい筆順の漢字を記します。それぞれの漢字の筆順で注意すべきところを確認しておきましょう。

我	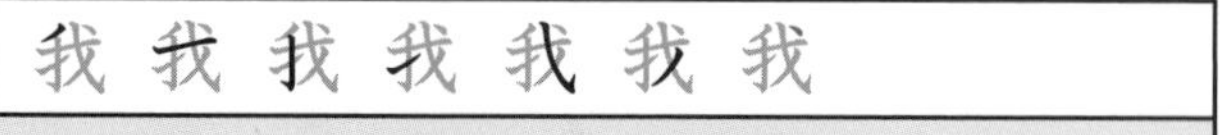
⚠「戈」の右上の「、」は最終画	

革	
⚠つらぬく縦画が最終画	

厳	
⚠「ツ」の部分は左・中央・右の順	

収	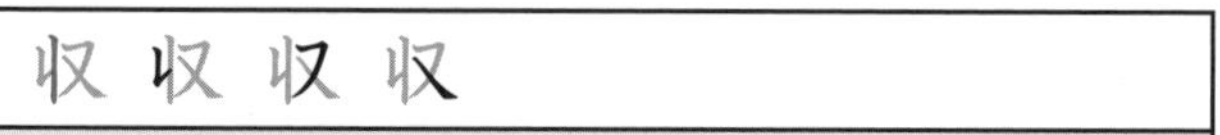
⚠左側は縦画を書いてから「レ」	

若	
⚠「右」の部分は横画ではなく「ノ」が先	

座	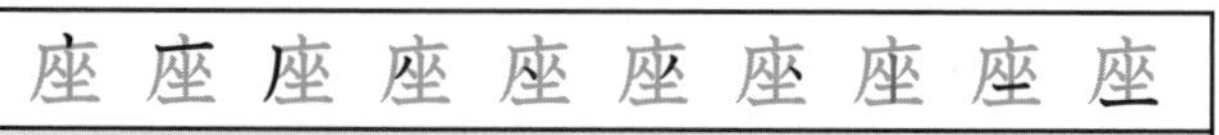
⚠中央の長い縦画を書いてから二本の横画	

冊	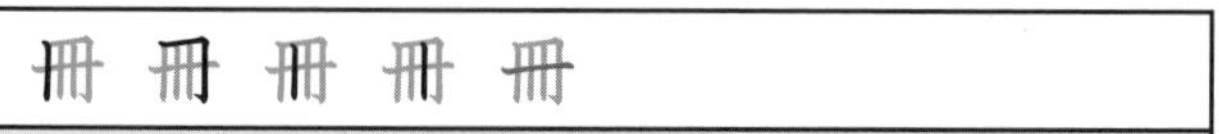
⚠左右につき出す長い横画が最終画	

延	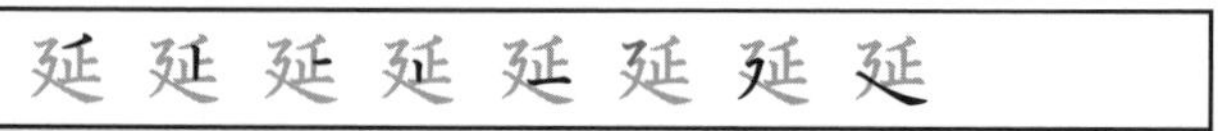
⚠「えんにょう」を後に書く	

4時間目

難易度Ⅳ

いよいよ合格圏内《けんない》の155点を目指すレベルです。ここで正答率が高ければ、かなり合格に近づいたと言えます。

4時間目

難易度Ⅳ

読み

目標時間 6分

●次の——線の漢字の読みをひらがなで記せ。

□ 1 ピアノの演奏に聞きほれる。

□ 2 川沿いの土手にタンポポが咲《さ》く。

□ 3 首相が諸国を訪れて親善を深める。

□ 4 コンクリートに鉄筋を入れる。

□ 5 法律に基づいて判断する。

□ 6 成熟したカキの実を取る。

□ 7 限りある天然資源を大切にする。

□ 8 憲法で人権が保障されている。

□ 9 議会で直近の経済対策を討議する。

□ 10 月面をくまなく探査する。

□ 11 綿密な計画を立てて登山に備える。

□ 12 日の暮れの背中さびしきもみじかな

□ 13 糖分の多い果物が好きだ。

□ 14 社会問題に関係した寸劇を演じる。

□ 15 絶頂の城たのもしき若葉かな

□ 16 道徳を通じて命の尊さを学ぶ。

□ 17 客室を改装して設備を新しくする。

□ 18 パソコンを操作して文書を作る。

あなたの学習の優先度は?

□A □B □C

使い方は20ページ

□ 19 足に負った傷を**処置**する。〔　　〕

□ 20 草の戸に住むうれしさよ**若菜**つみ〔　　〕

□ 21 新横綱《づな》の**誕生**に期待が高まる。〔　　〕

□ 22 旅先での**貴重**な体験を日記に書く。〔　　〕

□ 23 ラジオ**講座**で英会話を勉強する。〔　　〕

□ 24 歴史のある神社**仏閣**を見学する。〔　　〕

□ 25 **明朗**な性格で周囲から好かれる。〔　　〕

□ 26 七五三で神社に**参拝**する。〔　　〕

□ 27 **街路樹**の葉が色づき始める。〔　　〕

□ 28 **視力**が悪くて眼鏡を愛用する。〔　　〕

□ 29 美しい**宝石**に目をうばわれる。〔　　〕

□ 30 生徒会長の選挙に**立候補**する。〔　　〕

□ 31 **地域**の住民が集まり会合を開く。〔　　〕

□ 32 子供に**公衆**道徳を守らせる。〔　　〕

標準解答

1 えんそう
2 かわぞ
3 しょこく
4 てっきん
5 ほうりつ
6 せいじゅく
7 しげん
8 じんけん
9 とうぎ
10 たんさ
11 めんみつ
12 せなか
13 とうぶん
14 すんげき
15 ぜっちょう
16 とうと・たっと
17 かいそう
18 そうさ
19 しょち
20 わかな
21 たんじょう
22 きちょう
23 こうざ
24 ぶっかく
25 めいろう
26 さんぱい
27 がいろじゅ
28 しりょく
29 ほうせき
30 りっこうほ
31 ちいき
32 こうしゅう

6 成熟《せいじゅく》→果実などが十分に実ること。
9 討議《とうぎ》→ある事について、たがいに意見を述べ合うこと。
11 綿密《めんみつ》→気配りが行き届いていること。
14 寸劇《すんげき》→ごく短い演劇。
24 仏閣《ぶっかく》→寺の建物。
25 明朗《めいろう》→性質が明るくて朗らかなこと。
26 参拝《さんぱい》→神社や寺を訪れて拝むこと。

点線で折り、解答をかくしても使えます！

4時間目

難易度Ⅳ

画数

目標時間 6分

●次の漢字の色の濃い画のところは、筆順の何画目か、また総画数は何画か、算用数字で記せ。

（何画目）【総画数】

□ 1 胸（　）【　】
□ 2 憲（　）【　】
□ 3 危（　）【　】
□ 4 庁（　）【　】
□ 5 遺（　）【　】
□ 6 脳（　）【　】
□ 7 訳（　）【　】

□ 8 除（　）【　】
□ 9 陛（　）【　】
□ 10 至（　）【　】
□ 11 派（　）【　】
□ 12 閣（　）【　】
□ 13 若（　）【　】
□ 14 俳（　）【　】

あなたの学習の優先度は？
□A □B □C
使い方は20ページ

□ 15 染 （　）〔　〕

□ 16 卵 （　）〔　〕

□ 17 裁 （　）〔　〕

□ 18 推 （　）〔　〕

□ 19 収 （　）〔　〕

□ 20 看 （　）〔　〕

□ 21 誠 （　）〔　〕

□ 22 延 （　）〔　〕

□ 23 蔵 （　）〔　〕

□ 24 誕 （　）〔　〕

□ 25 存 （　）〔　〕

□ 26 皇 （　）〔　〕

標準解答

1 7・10
2 5・16
3 4・6
4 3・5
5 4・15
6 8・11
7 8・11
8 3・10
9 6・10
10 4・6
11 6・9
12 2・14
13 5・8
14 3・10
15 4・9
16 6・7
17 10・12
18 8・11
19 2・4
20 4・9
21 8・13
22 2・8
23 13・15
24 9・15
25 2・6
26 7・9

点線で折り、解答をかくしても使えます!

4時間目

難易度Ⅳ

部首と部首名

目標時間 6分

あなたの学習の優先度は？

□A □B □C

使い方は20ページ

●次の漢字の部首と部首名を□の中から選んで記号で記せ。

（部首）【部首名】

□ 1 劇（　）【　】

□ 2 警（　）【　】

□ 3 蒸（　）【　】

□ 4 冊（　）【　】

□ 5 忘（　）【　】

□ 6 郷（　）【　】

あ 心　い 刂　う 艹　え 言　お 阝　か 冂

ア りっとう　イ こころ　ウ げん　エ おおざと　オ けいがまえ どうがまえ まきがまえ　カ くさかんむり

□ 7 層（　）【　】

□ 8 糖（　）【　】

□ 9 律（　）【　】

□ 10 晩（　）【　】

□ 11 党（　）【　】

□ 12 潮（　）【　】

あ 儿　い 尸　う 日　え 氵　お 彳　か 米

ア ひへん　イ さんずい　ウ かばね しかばね　エ ひとあし にんにょう　オ ぎょうにんべん　カ こめへん

13 ☐ 揮（　　）〔　　〕

14 ☐ 盛（　　）〔　　〕

15 ☐ 染（　　）〔　　〕

16 ☐ 頂（　　）〔　　〕

あ 木　い 扌　う 頁　え 皿

ア てへん　イ さら　ウ おおがい　エ き

---

17 ☐ 縮（　　）〔　　〕

18 ☐ 源（　　）〔　　〕

19 ☐ 展（　　）〔　　〕

20 ☐ 箇（　　）〔　　〕

あ 糸　い ⺮　う 氵　え 尸

ア いとへん　イ たけかんむり　ウ かばね しかばね　エ さんずい

標準解答

1 い・ア
2 え・ウ
3 う・カ
4 か・オ
5 あ・イ
6 お・エ

7 い・ウ
8 か・カ
9 お・オ
10 う・ア
11 あ・エ
12 え・イ

13 い・ア
14 え・イ
15 あ・エ
16 う・ウ

17 あ・ア
18 う・エ
19 え・ウ
20 い・イ

点線で折り、解答をかくしても使えます!

4時間目

難易度Ⅳ

熟語の構成

目標時間
5分

あなたの学習の優先度は？
□A □B □C
使い方は20ページ

●熟語の構成には、次のようなものがある。

ア 反対や対《つい》になる意味の字を組み合わせたもの（例　強弱）
イ 同じような意味の字を組み合わせたもの（例　進行）
ウ 上の字が下の字の意味を説明（修飾《しょく》）しているもの（例　国旗）
エ 下の字から上の字へと返って読むと意味がよくわかるもの（例　消火）

●次の熟語は右のア〜エのどれに当たるか、一つ選んで記号を記せ。

□ 1 困難［　　］
□ 2 閉店［　　］
□ 3 乳歯［　　］
□ 4 遺品［　　］
□ 5 水源［　　］
□ 6 古城［　　］
□ 7 得失［　　］
□ 8 死亡［　　］
□ 9 視点［　　］
□ 10 翌年［　　］
□ 11 私服［　　］
□ 12 善意［　　］

□ 13 拝礼 [　　]

□ 14 登頂 [　　]

□ 15 宝石 [　　]

□ 16 翌日 [　　]

□ 17 縦横 [　　]

□ 18 絹糸 [　　]

□ 19 勤務 [　　]

□ 20 灰色 [　　]

□ 21 若者 [　　]

□ 22 閉館 [　　]

□ 23 視力 [　　]

□ 24 善良 [　　]

□ 25 収納 [　　]

□ 26 秒針 [　　]

□ 27 可否 [　　]

□ 28 豊富 [　　]

標準解答

1 イ 困も難も「むずかしい」の意
2 エ 「閉める↑店を」の意
3 ウ 「乳児の↓歯」の意
4 ウ 「のこす（遺）↓品物」の意
5 ウ 「水の↓源」の意
6 ウ 「古い↓城」の意
7 ア 「得る」↕「失う」
8 イ 死も亡も「しぬ」の意
9 ウ 「視線の先の↓地点」の意
10 ウ 「次の（翌）↓年」の意

11 ウ 「私的に着る↓服」の意
12 ウ 「よい（善）↓こころ（意）」の意
13 イ 拝も礼も「おじぎ」の意
14 エ 「登る↑頂上に」の意
15 ウ 「めずらしい（宝）↓石」の意
16 ウ 「次の（翌）↓日」の意
17 ア 「たて」↕「よこ」
18 ウ 「絹でできた↓糸」の意
19 イ 勤も務も「つとめる」の意
20 ウ 「灰の↓色」の意

21 ウ 「若い↓者」の意
22 エ 「閉める↑建物（館）を」の意
23 ウ 「見る（視）↓能力」の意
24 イ 善も良も「よい」の意
25 イ 収も納も「おさめる」の意
26 ウ 「秒を示す↓針」の意
27 ア 「可決」↕「否決」
28 イ 豊も富も「ゆたか」の意

点線で折り、解答をかくしても使えます!

4時間目

難易度Ⅳ

音と訓

目標時間 5分

あなたの学習の優先度は?
□A □B □C
使い方は20ページ

●次の熟語の読みは□の中のどの組み合わせになっているか、ア～エの記号を記せ。

ア 音と音　イ 音と訓　ウ 訓と訓　エ 訓と音

□ 1 弱気〔　〕
□ 2 出窓〔　〕
□ 3 横顔〔　〕
□ 4 筋金〔　〕
□ 5 探検〔　〕

□ 6 客足〔　〕
□ 7 系統〔　〕
□ 8 手配〔　〕
□ 9 誠実〔　〕
□ 10 合奏〔　〕

□ 11 茶畑〔　〕
□ 12 晩飯〔　〕
□ 13 灰皿〔　〕
□ 14 諸国〔　〕
□ 15 本筋〔　〕

□ 16 源流〔　〕
□ 17 納入〔　〕
□ 18 片道〔　〕
□ 19 仕事〔　〕
□ 20 窓口〔　〕

21 権利
22 憲法
23 穀類
24 係員

25 布地
26 裏山
27 背骨
28 延長

29 生傷
30 操縦
31 格安
32 湯気

33 返済
34 推理
35 幼少
36 解除

標準解答

1 エ
2 ウ
3 ウ
4 ウ
5 ア

6 イ
7 ア
8 エ
9 ア
10 ア

11 イ
12 イ
13 ウ
14 ア
15 イ

16 ア
17 ア
18 ウ
19 イ
20 ウ

21 ア
22 ア
23 ア
24 エ

25 エ
26 ウ
27 ウ
28 ア

29 ウ
30 ア
31 イ
32 エ

33 ア
34 ア
35 ア
36 ア

点線で折り、解答をかくしても使えます!

4時間目

難易度Ⅳ

同じ読みの漢字

目標時間 5分

あなたの学習の優先度は?

□A □B □C

使い方は20ページ

●次の――線のカタカナを漢字に直せ。

□ 1 方位磁シンで方角を確かめる。

□ 2 話し合いの末、一歩前シンした。

□ 3 庭園に四キ折々の花が咲《さ》く。

□ 4 キ長の判断で着陸を見合わせる。

□ 5 春の野山を犬を連れて散サクする。

□ 6 西洋絵画の大サクを展示する。

□ 7 今日は雲一つないカイ晴だ。

□ 8 政治カイ革を断行する。

□ 9 大自然を背ケイにして写真をとる。

□ 10 大雨ケイ報が各地に発令された。

□ 11 高カな絵画を居間に飾《かざ》る。

□ 12 流行の曲のカ詞を口ずさむ。

□ 13 母のキョウ里から野菜が届いた。

□ 14 古いつり橋のキョウ度を調べる。

□ 15 商品を買って現キンで支払《はら》う。

□ 16 製鉄会社に三十年キン続する。

17 □ ハラをかかえて大笑いする。

18 □ ハラっぱで同級生と野球をする。

19 □ 試験で満点を取って自シンがつく。

20 □ 全シンの力を使ってジャンプする。

21 □ 五万人の観シュウが会場をうめる。

22 □ 専務が新しい社長にシュウ任する。

23 □ 気温がテイ下して池の水がこおる。

24 □ 記事が事実ではないと否テイする。

25 □ 非常時のために水を貯ゾウする。

26 □ 定期的に内ゾウを検査する。

27 □ 定コクより少し遅《おく》れて発車する。

28 □ 優勝した選手が自コクの旗をふる。

標準解答

1 針　2 進　3 季　4 機　5 策　6 作

7 快　8 改　9 景　10 警　11 価　12 歌

13 郷　14 強　15 金　16 勤　17 腹　18 原

19 信　20 身　21 衆　22 就　23 低　24 定

25 蔵　26 臓　27 刻　28 国

1 磁針《じしん》→自由に回転できるようにして、磁場の方向を指し示す針。

13 郷里《きょうり》→自分の生まれ育った土地。

16 勤続《きんぞく》→同じ勤務先に勤め続けること。

25 貯蔵《ちょぞう》→物をたくわえて、しまっておくこと。

27 定刻《ていこく》→決められた時刻。

点線で折り、解答をかくしても使えます!

4時間目

難易度Ⅳ

四字熟語①

目標時間 6分

あなたの学習の優先度は？
□A □B □C
使い方は20ページ

●次の——線のカタカナを漢字で記せ。

□ 1 消化キュウ収 〔　〕

□ 2 カブ式会社 〔　〕

□ 3 永久保ゾン 〔　〕

□ 4 議ロン百出 〔　〕

□ 5 キョウ土料理 〔　〕

□ 6 ユウ名無実 〔　〕

□ 7 リン時列車 〔　〕

□ 8 ウ宙飛行 〔　〕

□ 9 ヒ密文書 〔　〕

□ 10 ヨッ求不満 〔　〕

□ 11 エン岸漁業 〔　〕

□ 12 災害対サク 〔　〕

13 栄養ホ給

14 セン門用語

15 鉄道モ型

16 ユウ便配達

17 空前ゼツ後

18 学級日シ

19 国際親ゼン

20 公シュウ道徳

21 天変地イ

22 家庭ホウ問

標準解答

1 消化吸収《しょうかきゅうしゅう》

2 株式会社《かぶしきがいしゃ》

3 永久保存《えいきゅうほぞん》

4 議論百出《ぎろんひゃくしゅつ》

5 郷土料理《きょうどりょうり》

6 有名無実《ゆうめいむじつ》

7 臨時列車《りんじれっしゃ》

8 宇宙飛行《うちゅうひこう》

9 秘密文書《ひみつぶんしょ》

10 欲求不満《よっきゅうふまん》

11 沿岸漁業《えんがんぎょぎょう》

12 災害対策《さいがいたいさく》

13 栄養補給《えいようほきゅう》

14 専門用語《せんもんようご》

15 鉄道模型《てつどうもけい》

16 郵便配達《ゆうびんはいたつ》

17 空前絶後《くうぜんぜつご》

18 学級日誌《がっきゅうにっし》

19 国際親善《こくさいしんぜん》

20 公衆道徳《こうしゅうどうとく》

21 天変地異《てんぺんちい》

22 家庭訪問《かていほうもん》

点線で折り、解答をかくしても使えます!

4時間目

難易度Ⅳ

四字熟語②

目標時間 6分

あなたの学習の優先度は?
□A □B □C
使い方は20ページ

●次の——線のカタカナを漢字で記せ。

□ 1 平和セン言 ［　］

□ 2 単ジュン明快 ［　］

□ 3 複雑コッ折 ［　］

□ 4 セン業農家 ［　］

□ 5 円形ゲキ場 ［　］

□ 6 人員点コ ［　］

□ 7 ゾウ器移植 ［　］

□ 8 国民主ケン ［　］

□ 9 団体ワリ引 ［　］

□ 10 ケイ備体制 ［　］

□ 11 安全ソウ置 ［　］

□ 12 質ギ応答 ［　］

□ 13 キ急存亡

□ 14 応急ショ置

□ 15 ホ欠選挙

□ 16 公シ混同

□ 17 宇チュウ旅行

□ 18 教育改カク

□ 19 スイ理小説

□ 20 絶体絶メイ

□ 21 実力発キ

□ 22 心キ一転

標準解答

1 平和宣言《へいわせんげん》

2 単純明快《たんじゅんめいかい》

3 複雑骨折《ふくざつこっせつ》

4 専業農家《せんぎょうのうか》

5 円形劇場《えんけいげきじょう》

6 人員点呼《じんいんてんこ》

7 臓器移植《ぞうきいしょく》

8 国民主権《こくみんしゅけん》

9 団体割引《だんたいわりびき》

10 警備体制《けいびたいせい》

11 安全装置《あんぜんそうち》

12 質疑応答《しつぎおうとう》

13 危急存亡《ききゅうそんぼう》

14 応急処置《おうきゅうしょち》

15 補欠選挙《ほけつせんきょ》

16 公私混同《こうしこんどう》

17 宇宙旅行《うちゅうりょこう》

18 教育改革《きょういくかいかく》

19 推理小説《すいりしょうせつ》

20 絶体絶命《ぜったいぜつめい》

21 実力発揮《じつりょくはっき》

22 心機一転《しんきいってん》

点線で折り、解答をかくしても使えます!

熟語作り

目標時間 8分

あなたの学習の優先度は?
□A □B □C
使い方は20ページ

●次の□の中から漢字を選んで、次の意味に当てはまる熟語を作り、記号を記せ。

□ 1 きちんとまとまらず入り交じること。〔　・　〕

□ 2 他人の家などをたずねること。〔　・　〕

□ 3 さまざまな角度から考えること。〔　・　〕

□ 4 はなやかでひときわ目立つこと。〔　・　〕

□ 5 義務や責任を引き受けること。〔　・　〕

ア 討	イ 手	ウ 問	エ 派	オ 暖	カ 乱
キ 担	ク 訪	ケ 検	コ 混	サ 負	シ 裏

□ 6 困っている人をすくいたすけること。〔　・　〕

□ 7 いつわりがなく心がこもっていること。〔　・　〕

□ 8 書物などを書きあらわした人。〔　・　〕

□ 9 そうでないとして認めないこと。〔　・　〕

□ 10 注意を事前にうながすこと。〔　・　〕

ア 告	イ 模	ウ 密	エ 誠	オ 定	カ 者
キ 警	ク 著	ケ 済	コ 否	サ 救	シ 実

□ 11 物事のさまたげになる物を取りのぞくこと。［ ・ ］

□ 12 作品などを並べて他人に見せること。［ ・ ］

□ 13 入り組んでなくてわかりやすいこと。［ ・ ］

□ 14 仕事などに、力をつくしてはげむこと。［ ・ ］

ア 去　イ 純　ウ 除　エ 善　オ 寸
カ 勤　キ 展　ク 単　ケ 示　コ 勉

□ 15 一刻を争うこと。［ ・ ］

□ 16 おなじ学校に在せき・卒業したこと。［ ・ ］

□ 17 借りたお金などをかえすこと。［ ・ ］

□ 18 年寄りに対して、うやまうこと。［ ・ ］

ア 急　イ 窓　ウ 判　エ 至　オ 老
カ 同　キ 著　ク 返　ケ 済　コ 敬

標準解答

1 コ・カ（混乱《こんらん》）
2 ク・ウ（訪問《ほうもん》）
3 ケ・ア（検討《けんとう》）
4 エ・イ（派《は》手《で》）
5 サ・キ（負《ふ》担《たん》）

6 サ・ケ（救済《きゅうさい》）
7 エ・シ（誠実《せいじつ》）
8 ク・カ（著者《ちょしゃ》）
9 コ・オ（否定《ひてい》）
10 キ・ア（警告《けいこく》）

11 ウ・ア（除去《じょきょ》）
12 キ・ケ（展《てん》示《じ》）
13 ク・イ（単純《たんじゅん》）
14 カ・コ（勤勉《きんべん》）

15 エ・ア（至《し》急《きゅう》）
16 カ・イ（同窓《どうそう》）
17 ク・ケ（返済《へんさい》）
18 コ・オ（敬老《けいろう》）

4時間目

難易度Ⅳ

書き取り

目標時間
7分

あなたの学習の優先度は？
□A □B □C
使い方は20ページ

●次の——線のカタカナを漢字に直せ。

□ **1** 町内会のハンチョウに選ばれる。

□ **2** 小冊子をユウビンで送る。

□ **3** ワタクシには難しい仕事です。

□ **4** 貴重な深海生物のホウコだ。

□ **5** 太平洋のエンガンで漁をする。

□ **6** 駅前にハデな看板を立てる。

□ **7** ハイユウの演技に心打たれる。

□ **8** 期間のタンシュクを検討する。

□ **9** シタサキ三寸で丸め込《こ》まれる。

□ **10** 体重とキョウイを測定する。

□ **11** オンダンな気候で暮らしやすい。

□ **12** ジシャクで鉄を引き寄せる。

□ **13** 美しい光沢《たく》のあるキヌイトだ。

□ **14** 力士がドヒョウに塩をまく。

□ **15** 道路工事で車がカタガワ通行する。

□ **16** 部活動でキタクが遅《おそ》くなる。

□ **17** 塩水につけてホゾンする。

□ **18** 物のネダンが急速に上がる。

□ **19** 背筋をのばしてシセイを正す。

□ **20** 大キボなコンサートが開かれる。

21 熱戦で場内が大いにモり上がる。

22 難しい条件にも快くショウチする。

23 脳科学をセンモンに研究する。

24 ボランティアにフルって参加する。

25 集まってガッソウの練習をする。

26 自然保護活動をスイシンする。

27 ヨクシュウの予定を書き出す。

28 カンマツの資料を参照する。

29 リンジニュースを読み上げる。

30 内装工事の費用をフタンする。

31 類は友をヨぶ

32 コーヒーにサトウを入れて飲む。

33 イズミわくやときどき高く吹《ふ》きあぐる

34 地元の銀行にシュウショクする。

35 マドベに朝日が差し込《こ》む。

36 赤ちゃんのニュウシが生える。

標準解答

1 班長
2 郵便
3 私
4 宝庫
5 沿岸
6 派手
7 俳優
8 短縮
9 舌先
10 胸囲
11 温暖
12 磁石
13 絹糸
14 土俵
15 片側
16 帰宅
17 保存
18 値段
19 姿勢
20 規模
21 盛
22 承知
23 専門
24 奮
25 合奏
26 推進
27 翌週
28 巻末
29 臨時
30 負担
31 呼
32 砂糖
33 泉
34 就職
35 窓辺
36 乳歯

点線で折り、解答をかくしても使えます!

まちがえやすい漢字

漢字の書きまちがえの原因の一つは部首や漢字の意味を考えずに書いてしまうこと。漢字の意味を理解していると、書くときに迷うことが少なくなるはずです。下記にどのような書きまちがえをしやすいか、実例を示します。

正	券	字義 わりふ(中央に割り印を押して二つに分けたもの)、きっぷ 注意 刀で印をつけたことから下部は「刀」。部首は「刀」。「力」にならないように 用例 定期券　旅券
誤	劵	

正	垂	字義 ぶら下がる。たれる。中央からはなれた土地 注意 部首は「土」。一画多くならないように 用例 垂直　雨垂れ
誤		

正	覧	字義 高いところから見る 注意 部首は「見」。「貝」にならないように 用例 回覧　観覧　展覧　博覧
誤		

正	宣	字義 広く知らせる。のべる 注意 「うかんむり」の下に注目。「亘」はめぐらせる、上の横画が一本少ない「旦」は夜明けの意味。字形の似た漢字の「宜」とも書きまちがえやすい 用例 宣言　宣告　宣伝
誤		

5時間目

模《も》擬《ぎ》テスト

最後の総仕上げが模擬テストです。
本試験と同様の形式の問題を、制限時間内で
解き、実力を確かめましょう。

5時間目

模《も》擬《ぎ》テスト

★★ 合格安全圏 160点以上

★ 合格範囲内 140～159点

! 合格圏外 139点以下

総合点 ／200

1 読み

次の――線の漢字の読みをひらがなで記せ。

- □ 1 強敵を倒《たお》して優勝を果たす。〔　　〕
- □ 2 選手が宙返りの技を見せる。〔　　〕
- □ 3 きれいな紅色の花が咲《さ》く。〔　　〕
- □ 4 太陽系の惑《わく》星を観測する。〔　　〕
- □ 5 季節の移ろいを俳句によむ。〔　　〕
- □ 6 アマゾンの秘境を探検する。〔　　〕
- □ 7 バナナが熟して甘《あま》みを増す。〔　　〕
- □ 8 難度の高い問題を解く。〔　　〕
- □ 9 宗教の対立が長年続いている。〔　　〕
- □ 10 縮尺の計算を間違《ちが》える。〔　　〕
- □ 11 努力が実って成功を収める。〔　　〕
- □ 12 国会で重要法案が否決される。〔　　〕
- □ 13 県の庁舎で議会を見学する。〔　　〕
- □ 14 人気のイタリアの歌劇を見に行く。〔　　〕

各1点×20

／20

15 工場の機械が突《とつ》然故障する。

16 白バイの警官が選手を先導する。

17 学業に専念して志望校に合格する。

18 幼少のころからパソコンに親しむ。

19 帰省の折に旧友の家を訪ねる。

20 ふきの葉に片足かけて鳴くかわず

2 部首と部首名

次の漢字の部首と部首名を□の中から選んで記号で記せ。

各1点×10　／10

	（部首）	【部首名】
泉	1	2
困	3	4
胸	5	6
枚	7	8
域	9	10

あ 土　い 阝　う 月　え 攵　お ⺮
か 戈　き 囗　く 木　け 水　こ 門

ア くにがまえ　イ にくづき　ウ こざとへん　エ みず　オ たけかんむり
カ きへん　キ のぶん ぼくづくり　ク もんがまえ　ケ つちへん　コ ほこづくり ほこがまえ

3 画数

次の漢字の太い画のところは、筆順の何画目か、また総画数は何画か、算用数字で記せ。

各1点×10　／10

（何画目）【総画数】

□ 割　1（　　）　2【　　】

□ 冊　3（　　）　4【　　】

□ 革　5（　　）　6【　　】

□ 詞　7（　　）　8【　　】

□ 済　9（　　）　10【　　】

4 送りがな

次の――線のカタカナを漢字一字と送りがな（ひらがな）で記せ。

各2点×5　／10

〈例〉問題にコタエル。【答える】

□ 1 ツトメル会社の株価が上がる。【　　】

□ 2 校内では先生の指示にシタガウ。【　　】

□ 3 合計にアヤマリがないか検算する。【　　】

□ 4 急ぎの荷物を今日中にトドケル。【　　】

□ 5 商店街に多くの個人商店がナラブ。【　　】

5 音と訓

次の熟語の読みは［　］の中のどの組み合わせになっているか、ア～エの記号を記せ。

各2点×10　／20

［ア 音と音　イ 音と訓　ウ 訓と訓　エ 訓と音］

1 批評［　］
2 映像［　］
3 鉄棒［　］
4 茶柱［　］
5 誠意［　］
6 手順［　］
7 巻紙［　］
8 姿勢［　］
9 法律［　］
10 納品［　］

6 四字熟語

次の――線のカタカナを漢字で記せ。

各2点×10　／20

1 同時通ヤク［　］
2 永久ジ石［　］
3 基本方シン［　］
4 時間ゲン守［　］
5 言語道ダン［　］
6 検トウ課題［　］
7 一挙両トク［　］
8 首ノウ会談［　］
9 カク張工事［　］
10 キ険信号［　］

7 対義語・類義語

次の□の中の語を一度だけ使って漢字に直し、対義語・類義語を記せ。

各2点×10　／20

対義語

□ 1 前月－□月

□ 2 退職－□職

□ 3 他者－自□

□ 4 子孫－□先

□ 5 無視－□重

類義語

□ 6 設立－□設

□ 7 給料－□金

□ 8 保管－保□

□ 9 始末－□分

□ 10 容易－□単

かん・こ・しゅう・しょ・そ・そう・そん・ぞん・ちん・よく

8 熟語作り

次の□の中から漢字を選んで、次の意味に当てはまる熟語を作り、記号を記せ。

各2点×5　／10

□ 1 考え出してつくりあげること。［　・　］

□ 2 人や物を特定の場所におさめること。［　・　］

□ 3 力をつくして、たたかうこと。［　・　］

□ 4 他人とちがった意見。［　・　］

□ 5 音楽をかなでること。［　・　］

ア 演　イ 作　ウ 奮　エ 戦　オ 手　カ 創

キ 収　ク 奏　ケ 職　コ 異　サ 議　シ 容

9 熟語の構成

熟語の構成には、次のようなものがある。

ア 反対や対《つい》になる意味の字を組み合わせたもの （例 強弱）

イ 同じような意味の字を組み合わせたもの （例 進行）

ウ 上の字が下の字の意味を説明（修飾《しょく》）しているもの （例 国旗）

エ 下の字から上の字へと返って読むと意味がよくわかるもの （例 消火）

次の熟語は上のア～エのどれに当たるか、一つ選んで記号を記せ。

各2点×10　／20

□ 1 密林［　］

□ 2 食欲［　］

□ 3 善悪［　］

□ 4 損益［　］

□ 5 朝晩［　］

□ 6 延期［　］

□ 7 改革［　］

□ 8 看病［　］

□ 9 宝庫［　］

□ 10 問答［　］

10 同じ読みの漢字

次の——線のカタカナを漢字に直せ。

各2点×10　／20

1 トウ分の多い食事をひかえる。

2 車がライトを点トウして走る。

3 手紙を交わして友コウを深める。

4 薬のコウ果が現れてせきが止まる。

5 中世の西洋名画をテン示する。

6 古テン作品を題材に映画を作る。

7 銀や銅はデン気をよく通す。

8 村に残るデン統芸能を受け継《つ》ぐ。

9 贈《おく》り物をきれいに包ソウする。

10 駅前に高ソウビルが林立している。

11 書き取り

次の——線のカタカナを漢字に直せ。

1 受付をすませてからザセキに着く。

2 荷物をまとめてキョウリに帰る。

3 船に乗って湖をユウランする。

4 子供がショウライの夢を語る。

5 互《たが》いにスイチョクな線を引く。

6 セスジをのばして本を読む。

7 魚がクロシオに乗って北上する。

8 会社で経理をタントウする。

9 校庭に桜をショクジュする。

10 世界イサンへの登録が決まる。

11 ハンに分かれて課題を解決する。

12 終演とともに舞《ぶ》台のマクが下りる。

13 毎朝、ギュウニュウを一杯《ぱい》飲む。

14 ゾウキの提供を広く呼びかける。

15 限りあるシゲンを大切にする。

16 ガラスの破片がサンランする。

17 土地をめぐってサイバンをする。

18 ミツバチが花のみつをスう。

19 気になるザッシの記事を切り抜《ぬ》く。

20 ホネ折り損のくたびれもうけ

各2点×20

／40

5時間目

模《も》擬《ぎ》テスト 標準解答・解説

1 読み

各1点×20

1	2	3	4	5	6	7
ゆうしょう	ちゅうがえ	べに	たいようけい	はいく	ひきょう	じゅく

8	9	10	11	12	13	14
なんど	しゅうきょう	しゅくしゃく	おさ	ひけつ	ちょうしゃ	かげき

15	16	17	18	19	20
こしょう	けいかん	せんねん	ようしょう	たず	かたあし

6 秘境《ひきょう》→人がまだあまり行ったことがない場所のこと。
12 否決《ひけつ》→承認しない議決をすること。
14 歌劇《かげき》→せりふを歌でやりとりする劇。

2 部首と部首名

各1点×10

1	2	3	4	5	6	7	8	9	10
け	エ	き	ア	う	イ	く	カ	あ	ケ

3 画数

各1点×10

1	2	3	4	5	6	7	8	9	10
4	12	3	5	3	9	9	12	9	11

4 送りがな

各2点×5

1	2	3	4	5
勤める	従う	誤り	届ける	並ぶ

5 音と訓

各2点×10

1	2	3	4	5	6	7	8	9	10
ア	ア	ア	イ	ア	エ	ウ	ア	ア	ア

6 四字熟語

各2点×10

1	2	3	4	5	6	7	8	9	10
訳	磁	針	厳	断	討	得	脳	拡	危

5 **言《ごん》語《ご》道《どう》断《だん》**↓とんでもなく間《ま》違《ちが》ったこと。

7 **一《いっ》挙《きょ》両《りょう》得《とく》**↓一つのことをして二つの利益を得ること。

7 対義語・類義語

各2点×10

1	2	3	4	5	6	7	8	9	10
翌	就	己	祖	尊	創	賃	存	処	簡

8 熟語作り

各2点×5

1	2	3	4	5
カ・イ（創作）	キ・シ（収容）	ウ・エ（奮戦）	コ・サ（異議）	ア・ク（演奏）

9 熟語の構成

各2点×10

1	ウ	「すきまのない（密）↓林」の意
2	ウ	「食の↓欲求」の意
3	ア	「善」↕「悪」
4	ア	「損失」↕「利益」
5	ア	「朝」↕「晩」
6	エ	「延ばす↑期日を」の意
7	イ	改も革も「かえる」の意
8	エ	「看護する↑病人を」の意
9	ウ	「有用なもの（宝）が↓取り出される所（庫）」の意
10	ア	「問い」↕「答え」

10 同じ読みの漢字

各2点×10

1	糖
2	灯
3	好
4	効
5	展
6	典
7	電
8	伝
9	装
10	層

11 書き取り

各2点×20

1	座席
2	郷里
3	遊覧
4	将来
5	垂直
6	背筋
7	黒潮
8	担当
9	植樹
10	遺産
11	班
12	幕
13	牛乳
14	臓器
15	資源
16	散乱
17	裁判
18	吸
19	雑誌
20	骨

2 **郷《きょう》里《り》**↓ふるさと。
3 **遊《ゆう》覧《らん》**↓見物して回ること。
9 **植《しょく》樹《じゅ》**↓木を植えること。
20 **骨《ほね》折《お》り損《ぞん》のくたびれもうけ**↓苦労するだけで何もよいことがないこと。

curriculum

補習授業

新出配当漢字対策／[出る順]ランキング

191字

※例文の書き取り問題は、見出しの漢字を使ってください
※5級の配当漢字を部首ごとに分けて収録しています。■は頻出度の高い漢字
※読みは原則として音読みをカタカナで、訓読みをひらがなで、送りがなは（　）に入れて示しています。高は高校で習う読み。中は中学で習う読み

5級新出配当漢字対策

部首／漢字／読み

一（いち）

並
ヘイ【中】、なみ、なら（びに）、なら（ぶ）、なら（べる）

イチョウ**ナミキ**。［並木］

乚（おつ）

乱
ラン、みだ（す）、みだ（れる）

破片が**サンラン**する。［散乱］

一心不**ラン**に働く。［乱］

乳
ニュウ、ち【中】、ちち

ギュウニュウを飲む。［牛乳］

ニュウシが生える。［乳歯］

亠（なべぶた・けいさんかんむり）

亡
ボウ、モウ【高】、な（い）【高】

事故で**シボウ**した。［死亡］

危急存**ボウ**のとき。［亡］

亻（にんべん）

仁
ジン、ニ【中】

ジンアイの心。［仁愛］

供
キョウ、ク【高】、そな（える）、とも

情報の**テイキョウ**。［提供］

値
チ、あたい【中】、ね

物の**ネダン**が上がる。［値段］

一読の**カチ**がある。［価値］

俳
ハイ

想いを**ハイク**によむ。［俳句］

ハイユウを目指す。［俳優］

俵
ヒョウ、たわら

ドヒョウに塩をまく。［土俵］

傷
ショウ、いた（む）【中】、いた（める）【中】、きず

キズグチを消毒する。［傷口］

事故で**フショウ**する。［負傷］

優
ユウ、すぐ（れる）【中】、やさ（しい）【中】

ハイユウの演技。［俳優］

ユウショウパレード。［優勝］

儿（ひとあし・にんにょう）

党
トウ

セイトウの代表。［政党］

トウシュが討論する。［党首］

類義語　他界＝死亡

部首　漢字　読み

どうがまえ・けいがまえ・まきがまえ 冂
冊
サク 高
サツ
ベッサツの付録。
蔵書の**サッスウ**。
［別冊］［冊数］

つくえ 几
処
ショ
ごみを**ショリ**する。
応急**ショ**置をする。
［処理］［処　］

かたな 刀
券
ケン
バスの**テイキケン**。
［定期券］

りっとう 刂
刻
コク
きざ(む)
シンコクな問題だ。
発車**ジコク**を調べる。
［深刻］［時刻］

りっとう 刂
割
カツ 中
さ(く) 中
わ(る)
わ(れる)
わり
ヤクワリを分担する。
ワリビキ価格で売る。
［役割］［割引］

創
ソウ
つく(る)
ソウリツ記念日。
学校を**ソウセツ**する。
［創立］［創設］

劇
ゲキ
狂《きょう》言を**カンゲキ**する。
ヒゲキのヒロイン。
［観劇］［悲劇］

ちから 力
勤
キン
ゴン 高
つと(まる)
つと(める)
病院に**キンム**する。
三十年**キンゾク**する。
［勤務］［勤続］

わりふ・ふしづくり 卩
卵
ラン 中
たまご
魚が**タマゴ**を産む。
［卵　］

わりふ・ふしづくり 㔾
危
キ
あぶ(ない)
あや(うい) 中
あや(ぶむ) 中
キケンを予測する。
キ急存亡の戦い。
［危険］［危　］

巻
カン
ま(く)
まき
国宝の**マキモノ**。
タバコの**マキガミ**。
［巻物］［巻紙］

また 又
収
シュウ
おさ(まる)
おさ(める)
物を**シュウノウ**する。
シュウニュウを得る。
［収納］［収入］

くち 口
后
コウ
コウゴウ陛下。
［皇后］

否
ヒ
いな 高
法案を**ヒケツ**する。
賛**ピ**両論に分かれる。
［否決］［　否］

善
ゼン
よ(い)
ゼンイに甘《あま》える。
ゼンアクを見極める。
［善意］［善悪］

くちへん 口
吸
キュウ
す(う)
コキュウを整える。
水分の**キュウシュウ**。
［呼吸］［吸収］

四字熟語 応急処置(おうきゅうしょち)… 急場しのぎで傷などの手当てをすること。

くちへん 口

呼
コ
よ(ぶ)
コキュウが乱れる。
人員を**テンコ**する。
[呼吸]
[点呼]

くにがまえ 囗

困
コン
こま(る)
コンナンな問題。
コンクに耐《た》える。
[困難]
[困苦]

つち 土

垂
スイ
た(らす)
た(れる)
スイチョクに交わる。
[垂直]

つちへん 土

域
イキ
チイキの住民。
遊泳禁止の**クイキ**。
[地域]
[区域]

だい 大

奏
ソウ
かな(でる) 高
名曲を**エンソウ**する。
ギターの**ドクソウ**。
[演奏]
[独奏]

奮
フン
ふる(う)
試合に**コウフン**する。
声援《えん》に**フンキ**する。
[興奮]
[奮起]

おんな 女

姿
シ
すがた
シセイを正す。
選手の**ユウシ**。
[姿勢]
[勇姿]

こ 子

存
ソン
ゾン
遺跡《せき》を**ホゾン**する。
神の**ソンザイ**。
[保存]
[存在]

こ 子

孝
コウ
親**フコウ**の息子。
親**コウコウ**する。
[不孝]
[孝行]

うかんむり 宀

宇
ウ
ウチュウ飛行士。
[宇宙]

宅
タク
キタクが遅《おそ》くなる。
ザイタクで看護する。
[帰宅]
[在宅]

宗
シュウ
ソウ 中
シュウキョウの対立。
[宗教]

宙
チュウ
ウチュウの神秘。
[宇宙]

宝
ホウ
たから
貴重な生物の**ホウコ**。
コクホウに指定する。
[宝庫]
[国宝]

宣
セン
製品を**センデン**する。
平和**セン**言をする。
[宣伝]
[宣　]

密
ミツ
ヒミツが外にもれる。
家が**ミッシュウ**する。
[秘密]
[密集]

類義語 広告＝宣伝

部首　漢字　読み

すん　寸

寸
スン

ゴールの**スンゼン**。
道が**スンダン**された。

［寸前］
［寸断］

専
セン
もっぱ(ら) 中

センモンに研究する。
セン業農家を営む。

［専門］
［専］

射
シャ
い(る)

反**シャ**神経がいい。
予防注**シャ**を打つ。

［射］
［射］

将
ショウ

ショウライの夢。
戦国時代の**ブショウ**。

［将来］
［武将］

尊
ソン
たっと(い)
たっと(ぶ)
とうと(い)
とうと(ぶ)

恩師を**ソンケイ**する。
人権の**ソンチョウ**。

［尊敬］
［尊重］

だいのまげあし　尢

就
シュウ
ジュ 高
つ(く) 中
つ(ける) 中

シュウショクする。
社長の**シュウニン**。

［就職］
［就任］

かばね・しかばね　尸

尺
シャク

シャクハチの音色。
シュクシャクの計算。

［尺八］
［縮尺］

届
とど(く)
とど(ける)

便りが**トド**く。

［届］

かばね・しかばね　尸

展
テン

絵画を**テンジ**する。
文化の**ハッテン**。

［展示］
［発展］

層
ソウ

コウソウビルが建つ。
チソウを観察する。

［高層］
［地層］

おのれ　己

己
キ 中
コ
おのれ 中

ジコしょうかい。

［自己］

はば　巾

幕
バク
マク

大会が**カイマク**する。
博覧会の**ヘイマク**。

［開幕］
［閉幕］

かん・いちじゅう　干

干
カン
ひ(る) 中
ほ(す)

カンマンの差。
カンチョウの水位。

［干満］
［干潮］

よう・いとがしら　幺

幼
ヨウ
おさな(い)

セミの**ヨウチュウ**。
ヨウジに字を教える。

［幼虫］
［幼児］

まだれ　广

庁
チョウ

県の**チョウシャ**。
中央**カンチョウ**。

［庁舎］
［官庁］

座
ザ
すわ(る) 中

ザセキに着く。
夏の**セイザ**を探す。

［座席］
［星座］

類義語 直前＝寸前

部首｜漢字｜読み

えんにょう　廴

延
エン
の(ばす)
の(びる)
の(べる)

期限の**エンチョウ**。［延長］
運動会を**エンキ**する。［延期］

ぎょうにんべん　彳

律
リチ 高
リツ

キリツ正しい生活。［規律］
ホウリツにもとづく。［法律］

従
ジュ 高
ジュウ
ショウ 高
したが(う)
したが(える)

ルールに**シタガ**う。［従］

つかんむり　⺍

厳
ゲン
ゴン 高
おごそ(か) 中
きび(しい)

土足**ゲンキン**。［厳禁］
時間**ゲン**守に努める。［厳］

てへん　扌

批
ヒ

作品を**ヒヒョウ**する。［批評］

拡
カク

道を**カクチョウ**する。［拡張］
規模**カク**大を図る。［拡］

担
タン
かつ(ぐ) 高
にな(う) 高

費用を**フタン**する。［負担］
学級の**タンニン**。［担任］

拝
ハイ
おが(む)

神社に**サンパイ**する。［参拝］
仏像を**ハイカン**する。［拝観］

捨
シャ
す(てる)

情報を**シュシャ**する。［取捨］
数値の四**シャ**五入。［捨］

推
スイ
お(す) 中

活動を**スイシン**する。［推進］
スイ理小説を読む。［推］

探
タン
さが(す)
さぐ(る) 中

南極を**タンケン**する。［探検］
月面を**タンサ**する。［探査］

揮
キ

合唱を**シキ**する。［指揮］
実力を**ハッキ**する。［発揮］

操
ソウ
あやつ(る) 中
みさお 高

準備**タイソウ**をする。［体操］
機械を**ソウサ**する。［操作］

さんずい　氵

沿
エン
そ(う)

エン岸漁業で栄える。［沿］
カワゾいの土手。［川沿］

洗
セン
あら(う)

センメン所の鏡。［洗面］
毎朝、**センガン**する。［洗顔］

派
ハ

ハデな看板を立てる。［派手］
リッパにやりとげる。［立派］

四字熟語　実力発揮(じつりょくはっき)…実際に持っている力をあらわすこと。

部首 ｜ 漢字 ｜ 読み

さんずい 氵

済
サイ
す(ます)
す(む)

借金を**ヘンサイ**する。［返済］
ケイザイガクの研究。［経済学］

源
ゲン
みなもと

シゲンを大切にする。［資源］
スイゲンを保全する。［水源］

潮
チョウ
しお

シオカゼに吹《ふ》かれる。［潮風］
カンチョウ時刻。［干潮］

激
ゲキ
はげ(しい)

手紙に**カンゲキ**する。［感激］
客足が**ゲキゲン**する。［激減］

くさかんむり 艹

若
ジャク 中
ニャク 高
も(しくは) 高
わか(い)

ワカモノに人気だ。［若者］
ワカバが生いしげる。［若葉］

著
チョ
あらわ(す) 中
いちじる(しい) 中

新刊の**チョシャ**。［著者］
チョメイな作家。［著名］

蒸
ジョウ
む(す) 中
む(らす) 中
む(れる) 中

水が**ジョウハツ**する。［蒸発］
ジョウキ機関車。［蒸気］

蔵
ゾウ
くら 中

倉庫に**チョゾウ**する。［貯蔵］
電池を**ナイゾウ**する。［内蔵］

しんにょう・しんにゅう 辶

退
タイ
しりぞ(く)
しりぞ(ける)

歌手が**インタイ**する。［引退］

遺
イ
ユイ 中

世界**イサン**への登録。［遺産］
イヒンを整理する。［遺品］

おおざと 阝

郷
キョウ
ゴウ 中

キョウリに帰る。［郷里］
キョウドの民芸品。［郷土］

郵
ユウ

ユウビンで本が届く。［郵便］

こざとへん 阝

降
コウ
お(りる)
お(ろす)
ふ(る)

バスの**ジョウコウ**客。［乗降］
飛行機が**コウカ**する。［降下］

除
ジ 中
ジョ
のぞ(く)

かびを**ジョキョ**する。［除去］
花だんの**ジョソウ**。［除草］

陛
ヘイ

天皇**ヘイカ**。［陛下］

障
ショウ
さわ(る) 高

機械が**コショウ**する。［故障］
ショウジの張りかえ。［障子］

類義語 有名＝著名

こころ 心

忘

ボウ 中
わす(れる)

雨がさを**ワス**れる。

[忘]

忠

チュウ

先輩《ぱい》の**チュウコク**。
チュウジツに守る。

[忠告]
[忠実]

恩

オン

師の**オン**にむくいる。

[恩]

憲

ケン

ケンポウを制定する。

[憲法]

ほこづくり・ほこがまえ 戈

我

ガ 中
わ 中
われ

ワレを忘れる。

[我]

て 手

承

ショウ
うけたまわ(る) 中

快く**ショウチ**する。

[承知]

のぶん・ぼくづくり 攵

敬

ケイ
うやま(う)

両親を**ソンケイ**する。
ケイロウの日。

[尊敬]
[敬老]

敵

テキ
かたき 中

キョウテキを破る。

[強敵]

ひ 日

暮

ボ 中
く(らす)
く(れる)

日が**ク**れる。

[暮]

ひへん 日

映

エイ
うつ(す)
うつ(る)
は(える) 中

画面に**エイシャ**する。
テレビの**エイゾウ**。

[映写]
[映像]

晩

バン

マイバン、本を読む。
大器**バン**成の人。

[毎晩]
[晩]

暖

ダン
あたた(か)
あたた(かい)
あたた(まる)
あたた(める)

オンダンな日が続く。
カンダンの差。

[温暖]
[寒暖]

つき 月

朗

ロウ
ほが(らか) 中

メイロウな性格の人。
詩を**ロウドク**する。

[明朗]
[朗読]

き 木

染

セン 中
し(み) 高
し(みる) 高
そ(まる)
そ(める)

布地を赤く**ソ**める。

[染]

きへん 木

机

キ 中
つくえ

ツクエを並べる。

[机]

枚

マイ

マイスウを確かめる。

[枚数]

類義語 快活＝明朗

部首／漢字／読み

きへん 木

株 かぶ

カブ式会社の設立。
カブワけする。

［株］［株分］

棒 ボウ

テツボウの逆上がり。
針小**ボウ**大に話す。

［鉄棒］［棒］

模 ボ　モ

鉄道の**モケイ**を作る。
部屋の**モヨウ**がえ。

［模型］［模様］

権 ケン　ゴン 高

幸福を求める**ケンリ**。
トッケン階級。

［権利］［特権］

樹 ジュ

ジュモクを植える。
桜を**ショクジュ**する。

［樹木］［植樹］

あくび・かける 欠

欲 ヨク　ほ(しい) 中　ほっ(する) 高

ショクヨクをそそる。
学習意**ヨク**がわく。

［食欲］［欲］

るまた・ほこづくり 殳

段 ダン

シュダンを考える。
物の**ネダン**が上がる。

［手段］［値段］

みず 水

泉 セン　いずみ

オンセンにつかる。
ゲンセン徴《ちょう》収。

［温泉］［源泉］

ひ 火

灰 カイ 中　はい

ハイザラを片付ける。
ハイイロの雪雲。

［灰皿］［灰色］

れんが・れっか 灬

熟 ジュク　う(れる) 中

ミジュクな梅の実。
ハンジュクのゆで卵。

［未熟］［半熟］

かた 片

片 ヘン 中　かた

カタミチの乗車券。
カタホウの手ぶくろ。

［片道］［片方］

おうへん・たまへん 王

班 ハン

ハンチョウを選ぶ。

［班長］

にくづき 月

肺 ハイ

ハイで呼吸する。

［肺］

胸 キョウ　むな 中　むね

キョウイを測定する。
キョウチュウを語る。

［胸囲］［胸中］

脳 ノウ

首**ノウ**会談を開く。
ズノウを集める。

［脳］［頭脳］

腸 チョウ

チョウを検査する。

［腸］

対義語　往復⇔片道

月 にくづき

腹
フク
はら

対応に**リップク**する。［立腹］
チュウフクまで登る。［中腹］

臓
ゾウ

ゾウ器移植の手術。［臓］
ナイゾウの検査。［内臓］

肉 にく

胃
イ

イエキが逆流する。［胃液］

背
ハイ
せ
せい
そむ(く) 中
そむ(ける) 中

ハイゴに回る。［背後］
事件の**ハイケイ**。［背景］

田 た

異
イ
こと

イコクの地で暮らす。［異国］
天変地**イ**の大災害。［異］

疋 ひき

疑
ギ
うたが(う)

シツギを打ち切る。［質疑］
半信半**ギ**で聞く。［疑］

疒 やまいだれ

痛
ツウ
いた(い)
いた(む)
いた(める)

クツウを耐《た》えぬく。［苦痛］
ツウカイな一打。［痛快］

白 しろ

皇
オウ
コウ

テンノウ陛下。［天皇］

皿 さら

盛
ジョウ 高
セイ 中
さか(る) 中
さか(ん) 中
も(る)

熱戦で**モ**り上がる。［盛］

盟
メイ

国連に**カメイ**する。［加盟］
ドウメイを結ぶ。［同盟］

目 め

看
カン

母を**カンビョウ**する。［看病］
けが人を**カンゴ**する。［看護］

石 いしへん

砂
サ
シャ 中
すな

スナヤマがくずれる。［砂山］
公園の**スナバ**で遊ぶ。［砂場］

石 いしへん

磁
ジ

永久**ジ**石を近づける。［磁］
方位**ジシン**を見る。［磁針］

禾 のぎへん

私
シ
わたくし
わたし

コウシを混同する。［公私］
シ利**シ**欲に走る。［私、私］

秘
ヒ
ひ(める) 中

友人の**ヒミツ**を守る。［秘密］
ヒキョウを探検する。［秘境］

穀
コク

コクモツを貯蔵する。［穀物］
ザッコクをたく。［雑穀］

対義語 公開⇔秘密

部首 ／ 漢字 ／ 読み

あな 穴

穴

ケツ 中
あな

アナバを見つける。［穴場］
君の目は**フシアナ**か。［節穴］

あなかんむり 穴

窓

ソウ
まど

銀行の**マドグチ**。［窓口］
シャソウの風景。［車窓］

あみがしら・あみめ・よこめ 罒

署

ショ

ショメイを集める。［署名］
希望の**ブショ**に移る。［部署］

ころもへん 衤

補

ホ
おぎな(う)

ホ足説明をする。［補　］
栄養**ホ**給をする。［補　］

たけかんむり ⺮

筋

キン
すじ

話の**スジミチ**。［筋道］
学校への**ミチスジ**。［道筋］

策

サク

タイサクを練る。［対策］
野山を**サンサク**する。［散策］

簡

カン

カンケツにまとめる。［簡潔］
カンタンに説明する。［簡単］

こめへん 米

糖

トウ

トウブンの多い果物。［糖分］
サトウを入れて飲む。［砂糖］

いと 糸

系

ケイ

ケイトウ立てた説明。［系統］
タイヨウケイの惑《わく》星。［太陽系］

いとへん 糸

紅

ク 中
コウ
くれない 中
べに

コウハクの幕を張る。［紅白］
コウチャを飲む。［紅茶］

純

ジュン

タンジュンな仕組み。［単純］
ジュンパクのドレス。［純白］

納

トウ 中　ナ 高
ナッ 中　ナン 高
ノウ
おさ(まる)
おさ(める)

服を**シュウノウ**する。［収納］
授業料の**ミノウ**。［未納］

絹

ケン 高
きぬ

キヌジで仕立てる。［絹地］
キヌセイのスカーフ。［絹製］

縦

ジュウ
たて

タテイトを引っ張る。［縦糸］
ジュウオウにのびる。［縦横］

縮

シュク
ちぢ(まる)　ちぢ(む)
ちぢ(める)　ちぢ(らす)
ちぢ(れる)

期間の**タンシュク**。［短縮］
事業の**シュクショウ**。［縮小］

はね 羽

翌

ヨク

ヨクジツに延期する。［翌日］
ヨクシュウの予定。［翌週］

対義語 複雑⇔単純

耳 みみ

聖 セイ

セイカリレー。
セイチを訪ねる。

[聖火] [聖地]

至 いたる

至 シ / いた(る)

シキュウの用事。
トウジの日の入り。

[至急] [冬至]

舌 した

舌 ゼツ 中 / した

シタサキ三寸。

[舌先]

虫 むし

蚕 サン / かいこ

ヨウサンで栄える。

[養蚕]

血 ち

衆 シュ 高 / シュウ

カンシュウが集まる。
公**シュウ**道徳に背《そむ》く。

[観衆] [衆]

衣 ころも

裁 サイ / さば(く) / た(つ) 中

重大事件の**サイバン**。
ヨウサイを習う。

[裁判] [洋裁]

装 ショウ 中 / ソウ / よそお(う) 高

紙で**ホウソウ**する。
安全**ソウチ**が働く。

[包装] [装置]

裏 リ 中 / うら

学校の**ウラニワ**。
社会の**ウラガワ**。

[裏庭] [裏側]

見 みる

視 シ

突《とっ》然**シカイ**が開ける。
信号**ムシ**をとがめる。

[視界] [無視]

覧 ラン

町内で**カイラン**する。
絵画の**テンラン**会。

[回覧] [展覧]

言 げん

警 ケイ

交番の**ケイサツ**官。
白バイの**ケイカン**。

[警察] [警官]

言 ごんべん

討 トウ / う(つ) 中

国会で**トウロン**する。
検**トウ**課題を示す。

[討論] [討]

訪 ホウ / おとず(れる) 中 / たず(ねる)

家庭**ホウ**問する。
外国を**レキホウ**する。

[訪] [歴訪]

訳 ヤク / わけ

演説を**ツウヤク**する。
費用の**ウチワケ**。

[通訳] [内訳]

詞 シ

カシの意味を考える。
校歌を**サクシ**する。

[歌詞] [作詞]

誠 セイ / まこと 中

相手に**セイイ**を示す。
セイジツな人がら。

[誠意] [誠実]

類義語 真心＝誠意

部首　漢字　読み

言　ごんべん

誤
ゴ
あやま(る)
ゴトウを減らす。
ゴカイを招く。
[誤答]
[誤解]

誌
シ
月刊雑**シ**を読む。
学級日**シ**をつける。
[誌]
[誌]

認
ニン 中
みと(める)
才能が**ミト**められる。
[認]

諸
ショ
ショコクを訪問する。
[諸国]

誕
タン
新横綱《づな》の**タンジョウ**。
[誕生]

論
ロン
政策を**トウロン**する。
問題を**ギロン**する。
[討論]
[議論]

貝　かい・こがい

貴
キ
たっと(い) 中
たっと(ぶ) 中
とうと(い) 中
とうと(ぶ) 中
キチョウな体験。
[貴重]

賃
チン
ウンチンを支払《はら》う。
チンギンが上がる。
[運賃]
[賃金]

臣　しん

臨
リン
のぞ(む) 中
リンジニュース。
リン機応変な対応。
[臨時]
[臨]

金　かねへん

針
シン
はり
ハリガネでしばる。
ハリバコに収める。
[針金]
[針箱]

銭
セン
ぜに 中
イッセンこう貨。
[一銭]

鋼
コウ
はがね 中
コウテツ製の橋。
[鋼鉄]

門　もんがまえ

閉
ヘイ
し(まる)
し(める)
と(ざす) 中
と(じる)
ヘイカン時間。
八時に**ヘイテン**する。
[閉館]
[閉店]

閣
カク
ナイカクを組織する。
ブッカクを見学する。
[内閣]
[仏閣]

隹　ふるとり

難
ナン
かた(い) 高
むずか(しい)
コンナンな問題。
ナンイの差がある。
[困難]
[難易]

革　かくのかわ・つくりがわ

革
カク
かわ 中
政治を**カイカク**する。
技術**カク**新が進む。
[改革]
[革]

対義語　臨時⇔定例、通常

部首　漢字　読み

頁　おおがい

頂
チョウ
いただ(く)
いただき

富士山の**トウチョウ**。［登頂］
サンチョウに登る。［山頂］

預
ヨ
あず(かる)
あず(ける)

銀行に金を**アズ**ける。［預］

骨　ほね

骨
コツ
ほね

セボネをのばす。［背骨］
左足の複雑**コッ**折。［骨］

四字熟語　複雑骨折(ふくざつこっせつ)… 折れた骨が体外に飛び出す状態のもの。

四字熟語［出る順］ランキング

	［四字熟語］	［意味］
1	実力発揮《じつりょくはっき》	持ち前の力を十分に表し出すこと。
2	世論調査《よろんちょうさ》	世間いっぱんの意見を調査すること。
3	高層建築《こうそうけんちく》	高く建てられた建造物。
4	沿岸漁業《えんがんぎょぎょう》	海岸の近くで行う漁業。
5	永久磁石《えいきゅうじしゃく》	磁力をいつまでも保った磁石。
6	災害対策《さいがいたいさく》	災害に対応するための手段。
7	学習意欲《がくしゅういよく》	学ぶことへの積極的な気持ち。

	［四字熟語］	［意味］
8	負担軽減《ふたんけいげん》	仕事や義務の程度を軽くすること。
9	公衆道徳《こうしゅうどうとく》	社会の一員として守るべきこと。
10	家庭訪問《かていほうもん》	生活の場所にたずねること。
11	政党政治《せいとうせいじ》	議会において政党を中心とする政治。
12	平和宣言《へいわせんげん》	世界平和の実現をうったえるもの。
13	月刊雑誌《げっかんざっし》	毎月一回発行される雑誌。
14	学級日誌《がっきゅうにっし》	毎日書かれるクラスの記録。

	［四字熟語］	［意味］
15	技術革新《ぎじゅつかくしん》	科学を応用し制度や組織を新しくすること。
16	自己負担《じこふたん》	その人自身が義務を負うこと。
17	補足説明《ほそくせつめい》	不十分な点を補って説明すること。
18	株式会社《かぶしきがいしゃ》	株主で組織された会社。
19	直射日光《ちょくしゃにっこう》	まともにさす太陽光線。
20	公衆衛生《こうしゅうえいせい》	人々の健康を守るための衛生活動。
21	臓器移植《ぞうきいしょく》	体の器官を移しかえること。

	[四字熟語]	[意味]
22	国《こく》民《みん》主《しゅ》権《けん》	国の政治のあり方を国民が決めること。
23	無《む》理《り》難《なん》題《だい》	受け入れがたい要求。
24	反《はん》射《しゃ》神《しん》経《けい》	とっさの動きの速さ。
25	推《すい》理《り》小《しょう》説《せつ》	犯罪事件を解明していく小説。
26	拡《かく》張《ちょう》工《こう》事《じ》	はばを広げて大きくするための工事。
27	器《き》械《かい》体《たい》操《そう》	鉄棒や平均台など器械を使う体操。
28	座《ざ》席《せき》指《し》定《てい》	乗り物などで希望の席を指定すること。
29	首《しゅ》脳《のう》会《かい》談《だん》	中心に立つ者の公な話し合い。
30	応《おう》急《きゅう》処《しょ》置《ち》	急場しのぎで行う手当て。

	[四字熟語]	[意味]
31	半《はん》信《しん》半《はん》疑《ぎ》	本当かどうか迷うこと。
32	優《ゆう》先《せん》順《じゅん》位《い》	物事に着手する順序。
33	絶《ぜっ》体《たい》絶《ぜつ》命《めい》	せっぱつまった状態。
34	専《せん》門《もん》学《がっ》校《こう》	特定の分野を学ぶ学校。
35	大《たい》器《き》晩《ばん》成《せい》	大人物はおくれて頭角を現すこと。
36	一《いっ》進《しん》一《いっ》退《たい》	状態が良くなったり悪くなったりすること。
37	宅《たく》地《ち》造《ぞう》成《せい》	宅地にするため土地に手を加えること。
38	臨《りん》機《き》応《おう》変《へん》	なりゆきに応じて適切に処置すること。
39	臨《りん》時《じ》列《れっ》車《しゃ》	臨時に運行される列車。

	[四字熟語]	[意味]
40	自《じ》画《が》自《じ》賛《さん》	自分で自分をほめること。
41	郵《ゆう》便《びん》配《はい》達《たつ》	郵便物を配り届けること。
42	心《しん》機《き》一《いっ》転《てん》	何かをきっかけに気持ちが変わること。
43	予《よ》防《ぼう》注《ちゅう》射《しゃ》	予防接種の注射。
44	単《たん》刀《とう》直《ちょく》入《にゅう》	前置きなしに本題に入ること。
45	自《じ》給《きゅう》自《じ》足《そく》	必要な物を自分で生産しまかなうこと。
46	専《せん》門《もん》用《よう》語《ご》	特定の分野で使われる言葉。
47	空《くう》前《ぜん》絶《ぜつ》後《ご》	非常にまれなこと。
48	玉《ぎょく》石《せき》混《こん》交《こう》	良いものと悪いものが入りまじること。

49 永《えい》久《きゅう》保《ほ》存《ぞん》

いつまでも長くとっておくこと。

50 有《ゆう》名《めい》無《む》実《じつ》

評判と実際がちがうこと。

51 完《かん》全《ぜん》無《む》欠《けつ》

どこから見ても欠点や不足がないこと。

52 言《ごん》語《ご》道《どう》断《だん》

言葉で表せないほどひどいこと。

53 南《なん》極《きょく》探《たん》検《けん》

南極大陸を実際に調査・研究すること。

54 油《ゆ》断《だん》大《たい》敵《てき》

気をゆるめると失敗を招くこと。

55 針《しん》小《しょう》棒《ぼう》大《だい》

物事を実際より大げさに言うこと。

56 宇《う》宙《ちゅう》旅《りょ》行《こう》

宇宙を旅すること。

57 世《せ》界《かい》遺《い》産《さん》

世界的に価値が認められた土地や建物。

58 一《いっ》挙《きょ》両《りょう》得《とく》

一つの事をして二つの利益を得ること。

59 片《かた》側《がわ》通《つう》行《こう》

道の片側を通ること。

60 明《めい》朗《ろう》快《かい》活《かつ》

明るく元気のある様子。

61 蒸《じょう》気《き》機《き》関《かん》

動力を得る熱機関の一つ。

62 基《き》本《ほん》方《ほう》針《しん》

目指す方向の根本となるもの。

63 雨《う》天《てん》順《じゅん》延《えん》

雨のため期日を先に延ばすこと。

64 私《し》利《り》私《し》欲《よく》

自分の利益だけを考え望むこと。

65 天《てん》変《ぺん》地《ち》異《い》

自然界に起こる変事。

66 臨《りん》時《じ》休《きゅう》業《ぎょう》

定休日以外に休むこと。

67 危《き》急《きゅう》存《そん》亡《ぼう》

生き残りをかけたせとぎわのこと。

68 公《こう》私《し》混《こん》同《どう》

公での立場に、私情を持ちこむこと。

69 体《たい》操《そう》競《きょう》技《ぎ》

体操の演技の優劣《れつ》を競う競技。

70 一《いっ》心《しん》不《ふ》乱《らん》

わきめもふらず一つの事に集中すること。

71 宇《う》宙《ちゅう》遊《ゆう》泳《えい》

宇宙飛行士が宇宙船の外で活動すること。

72 文《ぶん》化《か》遺《い》産《さん》

将来のために継《けい》承される過去の文化。

73 信《しん》号《ごう》無《む》視《し》

交通信号を無視すること。

74 穀《こく》物《もつ》倉《そう》庫《こ》

穀物を保管しておく建物。

75 郷《きょう》土《ど》料《りょう》理《り》

その地方特有の料理。

部首「出る順」ランキング

	[漢字]	[部首(部首名)]
1	盟	皿(さら)
2	庁	广(まだれ)
3	熟	灬(れんが)
4	座	广(まだれ)
5	署	罒(あみがしら)
6	閣	門(もんがまえ)
7	層	尸(かばね)
8	陛	阝(こざとへん)
9	箇	⺮(たけかんむり)
10	勤	力(ちから)
11	敬	攵(のぶん)

	[漢字]	[部首(部首名)]
12	聖	耳(みみ)
13	肺	月(にくづき)
14	痛	疒(やまいだれ)
15	我	戈(ほこづくり)
16	誕	言(ごんべん)
17	困	囗(くにがまえ)
18	裁	衣(ころも)
19	郷	阝(おおざと)
20	蔵	艹(くさかんむり)
21	冊	冂(どうがまえ)
22	届	尸(かばね)

	[漢字]	[部首(部首名)]
23	刻	刂(りっとう)
24	蒸	艹(くさかんむり)
25	欲	欠(あくび)
26	郵	阝(おおざと)
27	泉	水(みず)
28	劇	刂(りっとう)
29	枚	木(きへん)
30	創	刂(りっとう)
31	賃	貝(かい)
32	盛	皿(さら)
33	憲	心(こころ)

	[漢字]	[部首(部首名)]
34	筋	⺮(たけかんむり)
35	幕	巾(はば)
36	宗	宀(うかんむり)
37	縮	糸(いとへん)
38	宇	宀(うかんむり)
39	忠	心(こころ)
40	割	刂(りっとう)
41	胸	月(にくづき)
42	染	木(き)
43	窓	穴(あなかんむり)
44	臓	月(にくづき)

45 拡 扌 （てへん）

46 潮 氵 （さんずい）

47 誌 言 （ごんべん）

48 激 氵 （さんずい）

49 担 扌 （てへん）

50 腹 月 （にくづき）

51 除 阝 （こざとへん）

52 模 木 （きへん）

53 蚕 虫 （むし）

54 延 廴 （えんにょう）

55 糖 米 （こめへん）

56 忘 心 （こころ）

57 宙 宀 （うかんむり）

58 宣 宀 （うかんむり）

59 域 土 （つちへん）

60 展 尸 （かばね）

61 誠 言 （ごんべん）

62 装 衣 （ころも）

63 著 艹 （くさかんむり）

64 脳 月 （にくづき）

65 探 扌 （てへん）

66 認 言 （ごんべん）

67 頂 頁 （おおがい）

68 党 儿 （ひとあし）

69 障 阝 （こざとへん）

70 策 ⺮ （たけかんむり）

71 覧 見 （みる）

72 討 言 （ごんべん）

73 宝 宀 （うかんむり）

74 宅 宀 （うかんむり）

75 補 衤 （ころもへん）

76 済 氵 （さんずい）

77 暮 日 （ひ）

78 律 彳 （ぎょうにんべん）

79 砂 石 （いしへん）

80 詞 言 （ごんべん）

81 源 氵 （さんずい）

82 貴 貝 （かい）

83 裏 衣 （ころも）

84 晩 日 （ひへん）

85 看 目 （め）

86 従 彳 （ぎょうにんべん）

87 異 田 （た）

88 警 言 （げん）

89 推 扌 （てへん）

90 沿 氵 （さんずい）

著者

岡野秀夫　おかの ひでお

システムコンサルタント。中央省庁のWEBサイト、都市銀行のインターネットバンキング、携帯電話会社の基幹システム、大手文具通信販売サイトなど数多くのシステム開発プロジェクトに参画する一方、最新の教育理論を取り入れ効率的な記憶学習を実現したe-learning（パソコン上での学習）システムを独自に開発。漢字検定のほか英語検定、運転免許学科試験、宅建、行政書士など各種資格試験の学習コンテンツを無料公開し、多くの個人・法人から支持されている。

〈著書〉

『5時間で合格！漢検2級［超頻出］ドリル　改訂版』『同準2級』『同3級』『5時間で合格！漢検4級［超頻出］ドリル』『7日でできる！英検®2級［頻出度順］合格ドリル』『同準2級』『同3級』『同4級』『英検®でる単　2級』『同準2級』『同3級』『同4級』『同5級』（高橋書店）

【漢字検定・漢検WEB練習問題集】　URL　http://www.kanjihakase.com/

※「漢字検定」「漢検」は、公益財団法人 日本漢字能力検定協会の登録商標です。

※字体や部首の採点は、日本漢字能力検定協会発行の『漢検　漢字辞典』『漢検要覧　2～10級対応』に示すものを正解とする漢検の基準に従っています。

受検をお考えの方は、必ずご自身で公益財団法人 日本漢字能力検定協会の発表する最新情報をご確認ください。
ホームページ：https://www.kanken.or.jp/kanken/
【試験に関する問い合わせ】
・ホームページ（問い合わせフォーム）：**https://www.kanken.or.jp/kanken/contact/**
・電話：**0120-509-315**

5時間で合格！
漢検5級［超頻出］ドリル

著　者　岡野秀夫
発行者　高橋秀雄
編集者　根本真由美
発行所　**株式会社 高橋書店**
〒170-6014 東京都豊島区東池袋3-1-1 サンシャイン60 14階
電話　03-5957-7103

ISBN978-4-471-27565-5　

本書の内容についてのご質問は「書名、質問事項（ページ、内容）、お客様のご連絡先」を明記のうえ、郵送、FAX、ホームページお問い合わせフォームから小社へお送りください。
回答にはお時間をいただく場合がございます。また、電話によるお問い合わせ、本書の内容を超えたご質問にはお答えできませんので、ご了承ください。本書に関する正誤等の情報は、小社ホームページもご参照ください。

【内容についての問い合わせ先】
書　面　〒170-6014 東京都豊島区東池袋3-1-1 サンシャイン60 14階　高橋書店編集部
ＦＡＸ　03-5957-7079
メール　小社ホームページお問い合わせフォームから　(https://www.takahashishoten.co.jp/)

【不良品についての問い合わせ先】
ページの順序間違い・抜けなど物理的欠陥がございましたら、電話03-5957-7076へお問い合わせください。ただし、古書店等で購入・入手された商品の交換には一切応じられません。